出乎意料的古代职场

东方小北◎著

中国友谊出版公司

图书在版编目（CIP）数据

出乎意料的古代职场 / 东方小北著 . -- 北京：中国友谊出版公司，2025. 9. -- ISBN 978-7-5057-6155-1

Ⅰ. D691.93-49

中国国家版本馆 CIP 数据核字第 202577ZZ10 号

书名	出乎意料的古代职场
作者	东方小北
出版	中国友谊出版公司
发行	中国友谊出版公司
经销	新华书店
印刷	易阳印刷河北有限公司
规格	880 毫米×1230 毫米　32 开 8 印张　174 千字
版次	2025 年 9 月第 1 版
印次	2025 年 9 月第 1 次印刷
书号	ISBN 978-7-5057-6155-1
定价	56.00 元
地址	北京市朝阳区西坝河南里 17 号楼
邮编	100028
电话	（010）64678009

每一个故事，都是一个历史的“盲盒”，里面藏着古人的职场智慧、人性的复杂和命运的不可预测。

序言 PREFACE

在中国古代，职场是个精彩纷呈的舞台，对于“古代打工人”来说，职场发展不仅关乎才学，更是一场关于人脉、规则与情商的综合较量。

让我们穿越时空，一窥古代职场的那些趣事。

科举是古代官场的第一道门槛，就像是全民参与的“最强大脑”。考生们要经过乡试、省试、殿试层层筛选，方能“鲤鱼跃龙门”。官场，才是真正的“职场江湖”。在这里，如何与上司相处成为一门高深莫测的学问。有的上司如同慈父，关爱下属，但这样的上司毕竟稀缺。更多的是那些喜怒无常、难以捉摸的上司。比如，明朝有位大臣，因上朝时打了个盹，结果被皇帝看见，误以为他对朝庭不满，差点丢了乌纱帽。这不禁让人遐想，如果古代有“提神醒脑”的饮料广告，或许会这样写：“喝了它，让你的官场之路不再‘困’难重重！”

职场中，同事间的竞争同样激烈，尤其是那些位高权重的职位，更是众人觊觎的“香饽饽”。古代官员为了升职加薪，不仅要拼业绩，还要拼人缘、拼智谋。有的擅长“结盟”，通过联姻、师徒关系等方式构建自己的小圈子；有的则精通“借刀杀人”，利用对手之间的矛盾，坐收渔翁之利。这些“宫斗”戏码，放在今天，绝对能拍出几部爆款电视剧，让观众直呼“过瘾”。

当然，古代职场也有其温情的一面。官员们年迈体衰，便会申请“致仕”，即退休。退休后的生活，没有了职场的尔虞我诈，多了几分闲云野鹤的自在。有的官员会选择归隐山林，吟诗作画，享受晚年；有的则致力于教育子孙，传承家风。这样的结局，也算是给充满挑战的古代职场生涯画上了一个圆满的句号。

调侃归调侃，古代职场其实蕴含了丰富的智慧。无论是科举制度下对人才的选拔，还是官场中的人际交往，都体现了古人对于治国理政、为人处世的深刻理解。在那个没有现代科技辅助的时代，人们依靠自身的学识、智慧与品德来应对职场上的种种挑战。

这些故事，不仅是对历史的回顾，更是对现代职场人的启示。

目录 CONTENTS

第一章

形形色色的打工人

第二章

拼命奋斗冲业绩

第三章

副业也能出奇迹

第四章

谁的职场都不容易

第五章

出其不意的职场竞争力

第六章

行走职场的非常手段

第七章

盘点职场众生相

第八章

古代职场人的欢喜和忧愁

第一章

形形色色的打工人

1

被迫跳槽，历经四代，曾先后为十位皇帝效力

在唐灭亡和北宋建立之间，有一段人们了解较少的五代十国时期。虽然在漫长的中国历史上，五代十国看似有些微不足道，但很多传奇的历史人物都生活在这一时期，其中，号称“五代十国第一相”的冯道就是这样一位独特到令人拜服的存在。

之所以说他独特到令人拜服，倒也并不是他真的留下了多少彪炳千古的历史伟绩，而是五代十国乱成了一锅粥，他却在每个朝代都能够混得游刃有余、位列三公，真是流水的王朝、铁打的冯相。

其实，冯道的出身非常平凡，就是来自今河北沧州地区一个非富非贵的耕读家庭，只不过，和其他很多传奇人物一样，冯道在学习和文章上很有天赋，而且十分热爱学习。

最难能可贵的是，年轻的冯道品行还十分淳厚，他恪守孝道，精心侍奉双亲，日常除了读书以外，没有任何特殊嗜好。虽然家中贫寒，却也安贫乐道。

天祐年间（904—907年），冯道被幽州节度使刘守光看重，辟为幽州掾。到了乾化元年（911年），刘守光出兵征讨定州，但冯道对此表示反对，因此惹怒了刘守光，被刘守光关进了大牢。

不久，不听劝的刘守光兵败，冯道被人从狱中救出，逃往太原，直接投奔了当时的晋王李存勖。

因为文章和操行出众，冯道被晋王的手下、监军使张承业辟为本院巡官，张承业对他礼遇有加。后来，李存勖占领了河北，冯道在张承业的推荐下，从霸府从事升任为太原掌书记，负责霸府的全部文书往来。

很快，李存勖在邺都登上帝位，即后唐庄宗，冯道升任为翰林学士。李存勖把梁灭了以后，冯道更是一路晋升，直接成了中书舍人和户部侍郎。

就在这个时候，冯道的父亲不幸去世，冯道离职回家为父亲守孝。等到冯道守丧期满，回来赴任的时候，朝廷却变了天，李存勖死了，李嗣源在叛军的拥立下成了后唐明宗。

不过，李嗣源知道冯道的名气，即位第二年就把冯道升为宰相，令其担任中书侍郎同中书门下平章事。自此，冯相正式站在了权力的中心，并开启了他不断跳槽，但始终高居相位的传奇人生。

清泰元年（934年），潞王李从珂反叛，后唐愍帝扔下百官出逃，冯道便干脆率领百官，直接开城迎接李从珂。三天后，愍帝被害，李从珂继位，即后唐末帝。他罢免了冯道的相位，令其出任匡国军节度使。

天福元年（936年），后唐被河东节度使石敬瑭勾连契丹所灭，后晋建立，冯道被石敬瑭拜为宰相，继续自己的高级打工仔生活。

次年，冯道奉石敬瑭的命令，出使契丹。待冯道圆满完成使命归国后，石敬瑭对其更是倚重，国家一应政务全部委托给了冯道，还特意加授冯道为司徒，兼任侍中，并晋封鲁国公。

冯道能够接连被各个老板“不计前嫌”地任用，肯定是有自己的两把刷子的。不过，不知道基于什么考虑，或许是年纪大了，或许是疲累于朝代变换和复杂繁重的政务，归国后的冯道竟上书石敬瑭，表示希望能够离职退隐。可石敬瑭不舍得冯道这一高级“牛马”，看也不看，并把冯道的辞职申请扔了，并安排自己的侄子石重贵亲自探视冯道，传话说：“您明天得来上朝啊，如果您不来，皇上就要亲自来请您了。”

辞职申请，老板不批，冯道只好无可奈何地打起精神继续工作。值得欣慰的是，石敬瑭不但没有因为冯道的辞职申请而生气，反倒对冯道愈加恩宠，满朝文武没有一个人的待遇能够比得过冯道。

到了天福七年（942年），石敬瑭的身体撑不住了，出于信任，他在临死前特意让身边的宦官将儿子石重睿抱给冯道，希望冯道在自己去世后能够帮助儿子顺利即位。然而，石敬瑭一死，冯道便以“国家多难，宜立长君”为由，把石敬瑭的侄子石重贵拥立为新帝，他自己也因此被加授为太尉，并进封燕国公。

打工打到这个份儿上，谁当老板都是自己说了算，就凭这一点，冯道就可称得上是古今奇人了。

但冯道的传说并没有结束。

开运元年（944年），有人给石重贵提议说：“冯道只能做太平宰相，却无法帮助国家度过困难时期，这就跟和尚用不了鹰犬是一个道理。”听了这话，石重贵果然将冯道外放到了同州，收回了冯道对中央事务的管理大权。

三年后，后晋被耶律德光所灭，为了保护中原百姓不受戕害，冯道亲自出马拜见了耶律德光。耶律德光只是问冯道：“这些百姓怎么才能得救？”冯道趁机回答说：“此时此刻的百姓就是佛祖出现也恐怕救不得，唯有皇帝您才能拯救大家。”耶律德光对这句话很受用，中原百姓因此免去了被侵害的命运。

后来耶律德光在北归的路上病死，冯道又被迫归附后汉，被授为太师。

可是，冯道在后汉干了没多久，大将郭威便起兵叛乱，被拥立为帝，建立后周。不过，这依然没有影响冯道的官运，在后周，他依然被拜为太师，稳坐中书令之位。更夸张的是，郭威非常敬重冯道，每一次冯道来见他，郭威都会对其用尊称，而从来不会直呼其名。

虽然郭威很有眼光，但他的继承者可完全不是这样。显德元年（954年），建立北汉的刘崇趁着后周皇位更替、朝局动荡，对其出兵发难，后周的继位者、郭威的养子柴荣决定御驾亲征，被冯道阻止。柴荣不服，搬出李世民，说唐太宗能够平定天下靠的就是亲自出征，可冯道丝毫没有给柴荣面子：“您和唐太宗比不了一点儿。”于是柴荣大怒，毅然决然亲征北汉，还不让冯道随行，果然在高平之战中大败而归，将一大把年纪的冯道直接气没了。

柴荣听到冯道病逝的消息后，倒是特意为冯道废朝三日，并追封其为尚书令、瀛王，赐谥号文懿。

冯道活了七十多岁，其中，五十年的光阴里，就经历四个朝代、十个皇帝，而且始终游刃有余、官声显赫。不过，这一点也成了冯道被后世诟病的理由，毕竟，频繁易主，在后世史学家的眼里，都是不忠的表现。但或许，生在那样一个乱世里，即便是冯道，也不能真正左右自己的命运吧。主动换工作和被迫跳槽，还是有本质区别的。

更何况，他在主持政事期间，也的确尽其所能地保全了百姓，做了很多有利于百姓的事情。而且，他还十分大度。有一次，有人故意牵了一头驴子，驴子的脖子上挂了一个牌子，上面写着"冯道"，招摇过市。手下人立刻禀报给了冯道，但冯道却丝毫没有生气，反而说："天下同名同姓的人多的是，或许人家只是在给驴子找失主也说不定。"

你看，这样一个有智慧、有气量、有才华的人，假道学们又怎么下得去嘴，还要抨击他在豺狼当道的时代没有保持骨气呢？

实在是没有必要，更是不近人情。

2

硬刚名场面，“高级打工仔”批评皇帝

以铜为镜，可以正衣冠；以古为镜，可以知兴替；以人为镜，可以明得失。

这是唐太宗李世民留下的一句千古名言，而被他作为“镜子”，检讨自身的人，就是著名的诤臣——魏征。

其实，所谓诤臣，也就是谏官，主要工作就是给皇帝提建议，批评皇帝和其他大臣。但问题在于，批评其他大臣也就算了，封建社会，哪个胆子大的臣子敢真的批评皇帝？皇帝一旦听得不爽，分分钟就让人头落地。

可人家魏征不一样。魏征不但敢批评，而且批评的方式一点儿都不委婉，直接硬刚，撑起皇帝来那叫一个毫不留情。

神奇的是，魏征的这种工作方式，不但没有要了自己的小命，反而得到唐太宗的欣赏和尊重。据统计，魏征跟着唐太宗十七年，一共提过二百六十四条建议，大多被唐太宗听取和采纳。翻遍中国的封建专制史册，都找不出像唐太宗和魏征这样的君臣。

打开魏征的“成长日记”，我们会发现，这个不畏强权、敢说敢拼的大臣，年轻时其实过得并不如意。

虽然他出生在士族之家，但家族早已落魄，再加上父亲魏长贤因为直谏被北齐皇帝踢出官场，还被家族人排挤，小小年纪的魏征不得已跟着父亲搬离故乡。没几年，郁郁不得志的父亲就去世了，留下小魏征独自面对困顿的生活。

那时候的他并没有什么可以谋生的手段，为了活下去，魏征只好去做了道士。也正因为这样，后世的很多演义小说里，常常称魏征为“魏老道”。

少年时的这段经历，让魏征更加懂得了百姓疾苦，这对魏征从政后的很多行为都产生了巨大影响。

大业七年（611年），随着王薄在山东起义，天下开始四分五裂。立下雄心壮志的魏征决定顺应时代潮流，为自己闯出一番作为。于是，他投靠了李密。

李密虽然欣赏魏征的才能，但到底没有做君王的气度和眼光，当魏征早早看出瓦岗寨在未来难逃被灭亡的命运，苦心孤诣献上自己壮大瓦岗寨的十条锦囊妙计时，李密却只是轻轻松松地挥了挥手，一票否决了。

到了后期，由于李密的自负，加上不会做人，本来英雄济济的瓦岗寨，最后只剩下了王伯当一个。魏征虽然还没有离开，但也早已失去了为李密卖力气的冲动。

不久，被王世充打得没办法的李密，最终选择向李渊投降示好，而魏征作为附属人员，一起顺利进入李唐阵营。

不过，魏征也真的是命途多舛。进入李唐阵营没几个月，在一次执行任务的过程中，魏征不幸被窦建德俘虏。

武德四年（621年），李渊派出当时还是秦王的李世民率军攻打窦建德，魏征这才又回归了李唐阵营。好在魏征一向有才名，被太子李建成看中，将他奉为太子洗马，很是礼遇。

这个时候，因为李世民功绩卓著，李建成感觉自己的太子之位会受到威胁，而李世民屈居李建成之下，也十分不甘，两个人便暗中较量。

在这一过程中，其实魏征给李建成提过很多重要的建议，其中不乏将李世民外放到边疆甚至暗杀这种。但或许是李建成真的没有真龙天子的命，他跟李密一样，将魏征的建议全都扔在一边，反倒是李世民上台以后，和魏征算老账时被气得不行："咱俩无冤无仇的，魏征你可真狠，变着法想坑害我！"

武德九年（626年），按捺不住的李世民终于发动了玄武门事变，李建成和李元吉被杀。反倒是魏征，因为直爽有才能，得到李世民的赦免，成了李世民的幕僚。

对于李世民的"不杀之恩"，魏征投桃报李，在贞观初年的时候，给李世民提出很多好的建议。大到国家政事，小到李世民的衣食起居，魏征无一不谏、无一不言，而李世民也竟然真的从谏如流，君臣齐心，终是共创了名垂千古的"贞观之治"。

这样听起来，似乎是君臣两人一个敢提，一个能听，没有任何矛盾，但其实，李世民到底也是人，很多次，魏征的直言进谏让李世民十分难堪和生气，但魏征依然面不改色，李世民恨得直接扬言要砍了他。好在最后有长孙皇后的帮助和劝说，李世民这才肯忍下来，继续耐心地接受魏征的批评。

据说，有一次李世民要征兵，当时的中书令建议说很多男孩子虽然还不到十八岁，但已经长得十分壮实和魁梧，可以一并纳入征兵的名单。李世民听了以后认为这个建议不错，就同意了，但魏征却对这一政策坚决反对，始终不肯签署和颁发相关的文件。最后李世民大怒，把魏征叫到了面前，说这些人本是为了逃避兵役而虚报年龄，征召他们没什么不妥，他怎么这么固执。魏征正义凛然地回答说："军队治理不在于人数众多，而是得法，何必非要多征年幼之人来增加虚数呢？更何况，陛下您已经失信于臣民了啊！"

李世民惊愕："我怎么就失信了？"

魏征说："您刚登基的时候，下诏说免去百姓欠付官家的财物，好与民生息，可现在呢？有关部门却以您之前当秦王时的旧债不属于官家之物而继续对百姓进行征收。而且您之前还下令免除关中地区两年赋税和徭役，现在既然已经征收了赋税，却还要征兵，这不是失信是什么？"

听了魏征的话以后，李世民这才不生气了，反而高兴地夸赞魏征："以前朕只觉得你顽固，现在听你讨论政事，果然很能切中要害。你说得对，朕和朝廷如果不讲信用，百姓就会无所适从，那样国家怎么能治理得好呢？你批评得对，朕确实是有过错，而且还很深啊！"

于是，李世民放弃了征收年幼之人的想法，还赐给魏征金器以示奖励。

其实，魏征直言进谏李世民的故事太多了，但是，我们在学习这些故事，赞赏魏征的同时，也应该看到，魏征之所以能够成为“千秋名谏”，也离不开李世民的包容和智慧，否则，魏征的下场，不会比他老爹魏长贤好多少。

所以说，魏征是值得敬佩的，同时也是幸运的，因为他遇到了李世民，于是，他也成了李世民的幸运。君臣二人彼此欣赏，彼此成就，这才给历史留下了一段佳话。

3

高适的职场选择，不管李白死活，却关心杜甫生计

随着动画电影《长安三万里》的热播，高适在语文课本上扁平的“边塞诗人”形象变得更加生动和饱满。原来，他不仅仅是一个会感叹“莫愁前路无知己，天下谁人不识君”的诗人，还是一个以军功封侯的武将，更是一个朴实、理性的职场人。

他在年轻的时候就认识了李白和杜甫，三个人建立了美好的友谊，但职场残酷，到了暮年时，因为各自不同的性格和职场选择，三个人的关系终究还是因为世俗变了模样。

高适，字达夫，是唐朝名将高侃的孙子，父亲担任过韶州长史，但少年时，因为家庭变故，高适又不善谋生，所以一直过得很穷，穷到要靠乞讨为生。

不过，高适却很乐观，虽然日子穷一些，但祖父和父亲教会他的书剑技艺，他始终没有放弃。

到了二十多岁，高适怀着出人头地的梦，一路向西来到长安，

希望能有人看在祖父的面子上，给他这个后代一个机会。

但那是长安啊。祖父虽然有名，但人走茶凉，所以，高适毫无意外地被婉拒。

无奈，无人无钱的他，只好在梁、宋一带流浪，靠种地和钓鱼养活自己。这一流浪，就是七八年。

到了二十八岁，高适依然啥也不是，眼见年纪渐长，不想再继续摆烂的他，听说国家和契丹等族在东北边境发生战事，于是又一次提起宝剑，北上燕赵之地，希望投身军中，建功立业。

然而，“战士军前半死生，美人帐下犹歌舞”的现实刺痛了高适，他放弃了在军中继续待着的想法，失落返乡。

开元二十三年（735年），高适又一次来到长安，参加了当时的科举考试，但遗憾落榜。

年近五十，高适才以诗得到了张九龄的弟弟张九皋的青睐，被举荐应试有道科，并得到了一个芝麻小官的职位——封丘尉。

即使是芝麻官，高适仍然不仅要面对令人无语的领导，卑躬屈膝，还要违背良心，代表领导去欺压百姓。过了一段时间，高适实在忍受不了这种违背自己本心的工作，干脆辞职回家了。

此时高适的年纪，放到现在，朋辈压力、生活压力估计要把人压死了，但高适却依然很稳，坚信自己有自己的人生节奏，安安心心在家乡耕读练剑，一人吃饱全家不饿，活得十分简单，邻居顽童说闲话嘲笑他，他也不反驳。

天宝六载（747年）的冬天，高适在睢阳和朋友董庭兰相见，两个人把酒夜话、惺惺相惜。离别时正是黄昏、大雪纷飞，面对这样惨淡的场景，高适依然不忘与朋友相互鼓励。他展开纸笔，为董庭兰写下了那首著名的《别董大》。

面对董庭兰离去的背影，高适亦忍不住扪心自问："人生苍茫，我的希望和高光又在哪里呢？"

他想起了李白和杜甫。就在前几年，他们还一起在梁、宋漫游，一起登台赋诗、游山玩水。旅行结束后，李白与"白富美"结婚去了，年轻的杜甫则继续死磕公考，他高适又应该何去何从呢？

想来想去，高适觉得，自己还是应该选择一个合适的赛道，走"斜杠"青年的路数，不能一直像其他人一样，指望靠文才和朋友来获得机会。毕竟，他不像李白，天生奇才，又不缺钱，还有那么多的朋友围绕着他，虽然政治上受挫，但到底比高适强多了。

祖父是靠手中的武器杀出底层的，如今，他也应该守住这优势和经验，再度出塞，争取建功立业！

这一次，高适等到了自己的机会。在河西，因为曾经写下的那首《燕歌行》，高适收获了节度使哥舒翰这个粉丝，还被哥舒翰任命为自己的掌书记，时不时就向皇帝举荐一下，职场发展终于有了一点起色。

不仅如此，这段时间里，高适创作欲爆发，写下了不少著名的边塞诗歌，比如《塞上听吹笛》：

雪净胡天牧马还，月明羌笛戍楼间。
借问梅花何处落，风吹一夜满关山。

然而，这样安静简单的边塞生活没有维持多久，臭名昭著的安史之乱就爆发了。

但这个时候，哥舒翰早已重病，无力指挥战争，以致初次战争中，全军溃败，哥舒翰被俘虏。

面对这一不利局势，高适抓住机会，向唐玄宗上书，力陈对战争失利的分析，反而得到了唐玄宗的信任，迁侍御史，后擢谏议大夫。

太子李亨即位，立刻任命高适为淮南节度使，要求其平定永王叛乱。

可高适很快就发现一个棘手的问题，叛乱的永王幕下竟然坐着他的昔日好友——李白。

高适不理解，李白放着好好的逍遥生活不过，为什么跟了永王？他是大诗仙，是天才，能够“绣口一吐就是半个盛唐”，可他只是个天真的诗人，并不适合勾心斗角的政治。

但高适却也理解，每个人都有自己心里过不去的那一关，他高适有，天才如李白同样有。

他是名满天下的诗仙，但他毕生所求，却从来不是只做一个诗仙。“奋其智能，愿为辅弼，使寰区大定，海县清一”，这才是李白的抱负，李白的梦，李白的痛。

他们都是经历了半生风霜，郁郁不得志的天涯沦落人。高适又如何不懂？

可理解归理解，高适却无法改变什么。毕竟，他只是个身不由己的职场人罢了。职场如围城，没进来的人望着里面的人，里面的人望着外面的人。人生一世，谁也不容易啊。

很快，永王惨败，李白作为幕僚下了大狱。年过半百的李白，此时此刻依然没有看懂职场，看到高适，李白便觉得，高适一定可以救他，也救得了他。

但那是谋反啊。

先不说人人都知道李白和高适的关系，高适一旦开口，必受牵连，好不容易奋斗了半生，换来了平乱的军功，这个时候张嘴求皇帝放了一个叛徒，皇帝会怎么想？更何况，也不是只要高适开口，皇帝就会听的。

一番斗争之后，高适最终还是没有张口。因为皇帝大赦天下而免于一死的李白，从此便在自己的“通讯录”上抹掉了高适的名字。

高适没有解释什么，这是他的职场选择，一切后果他早就想到了。

后来，因为李辅国的造谣诽谤，高适被贬为彭州刺史，看到杜甫一家过得艰难，便常常接济他们。

直到公元764年，高适还京封侯，但第二年便离世了。

昔日的梁园三人，高适未救李白，却帮助杜甫，有人觉得是高适自私，对杜甫的帮助也不是友情使然，完全是高高在上的施舍，但说这话时，或许，我们应该问问自己：

面对职场，你是否能够做得比高适要好呢？

不救李白，是理性的艰难选择，有职场的无奈；关心杜甫，是友谊的感性使然，有人性的温情。

要知道，他如果真的不在意朋友，就不会纠结，也完全没有必要施舍，惺惺作态。

先爱己，而后才能爱人。

不以道德绑架任何人，也是一种理性，一种高级的温柔。

4

超级HR欧阳修，为宋朝举荐众多优秀人才

作为“唐宋八大家”之一，欧阳修不仅是北宋文坛积极的改革领袖，还是著名的“千古第一伯乐”，用现在的话来说，就是北宋第一HR[1]，曾经为北宋的繁荣发展举荐了大量人才。

其中，最令人津津乐道的，就是宋仁宗嘉祐二年的科举考试。

这次科考中，早已成为文坛顶流的欧阳修被宋仁宗钦点为主考官，副考官则是宋诗的“开山祖师”——梅尧臣。如此强大的考官阵容，考生质量又如何呢？

先说一位大家都知道的吧——苏轼，即苏东坡。

虽然后来苏轼靠着自身天赋和豁达的本性，成了无数人的偶像，但很少有人知道，苏轼小时候也是有自己的偶像的，而这个偶像不是别人，正是欧阳修。

① HR：人力资源（Human Resource）的缩写，是指企业或组织中负责管理和发展人力资源的职位。

苏轼还很小的时候，在天庆观念书。有人将石介所作《庆历圣德诗》带到了观里，老师拿到后，正读得起劲儿，好奇的苏轼便凑了过来，问老师读的什么，这些诗句又是什么意思。老师觉得苏轼还小，理解不了这些诗句，便摆手说："你们小孩子一边儿玩去，这不是你现在能问的。"但苏轼是个有个性的，听老师这么一说，便一本正经地抗议说："如果写这些内容的是神仙，那我确实不敢问，不应该了解，可如果写诗的也是我们这样的凡人，我为什么不可以问呢？"听了苏轼的话，老师觉得有道理，便认真地为苏轼讲解起来。他告诉苏轼，欧阳修、范仲淹、富弼和韩琦这四个人都是当今天下的英杰……这是苏轼第一次知道欧阳修，小小的心里对欧阳修充满了仰慕。

怀着对偶像的向往，苏轼努力读书，终于在嘉祐二年（1057年），欧阳修当主考官的时候，被偶像选中，考中进士。据说，当时欧阳修看到苏轼的文章后，惊为天人，有意评为第一，但又担心万一是自己的徒弟曾巩写的，他这样做会被人认为有私心，所以想了想，只好把这篇文章评为第二。考试结果公布后，欧阳修这才发现文章竟然是苏轼写的，感慨万千，甚至说："吾老矣，当放此子一头地。"（我老了，以后的文坛都是这个年轻人的了。）成语"出人头地"便是出自此。能够被自己的偶像看重，并得到如同对待接班人一般的高度评价，想来苏轼应该是非常开心的吧。

欧阳修发现苏轼这样的超级人才后，不但没有对后来者的嫉妒和打压，反而十分欣赏和激动。能够真诚地为国家有如此优秀的接班人而欣慰，拥有这样的贤能和眼光，欧阳修的确配得上"千古伯乐”这四个字。

事实上，苏轼能够在文坛上迅速崛起，除了其自身的才华以外，和欧阳修作为主考官和老师对他的推荐、提拔是分不开的。

除了苏轼以外，另一个考生的名字也不容忽视。他就是曾巩。

曾巩家世代书香，他自己又十分聪明能干，唯一遗憾的是，曾巩年轻时，北宋文坛流行的是华而不实的文风和剑走偏锋的奇谈怪论，而曾巩本人情致较少，不善于此，所以始终没能考中。

但是，独具慧眼的欧阳修却发现了曾巩这个好苗子。在欧阳修看来，曾巩擅长议论，说理尽意，文风从容不迫，这一点和欧阳修正在积极推行的古文运动的宗旨十分契合。所以，欧阳修丝毫没有嫌弃落第潦倒的曾巩，不但将他收入门下，悉心培养，还亲自写了一篇《送曾巩秀才序》为其落榜鸣不平，十分给力。

正是在欧阳修的不断鼓励下，高龄考生曾巩才能不断坚持，终于在嘉祐二年考中。他进入官场后，不但在文坛上仍旧积极参与欧阳修主持的新古文运动，还在政事处理上保持着细致、务实的作风，经常深入基层一线调研，在中央和地方都留下了美名。

《宋史》在为欧阳修作传时，对欧阳修是这样评价的：

奖引后进，如恐不及，赏识之下，率为闻人。

也就是说，欧阳修爱才、惜才，大力奖赏人才，生怕鼓励不到位而错失他们，在欧阳修的这种赏识和鼓励下，这些被他发现、举荐的人，大都成了当时非常著名的人物。

如果说，苏轼是偶像激励，曾巩是嫡传门生，那么，在欧阳修当主考官这一年，其他因为欧阳修的伯乐精神而得到赏识，跻身官场的人的数量之多、质量之高，则更加能够证明他作为超级HR的工作能力。

据统计，在欧阳修担任主考官的这一年，一场科举考试录取将近九百人，其中进士就有将近四百人，被《宋史》列传的有二十四人，担任过宰执的九人。

苏辙、苏洵、程颢、吕惠卿、王安石、章惇、王韶、曾布……随随便便拎出一个人来，都是曾经对大宋朝影响深远、搅动风云的人物，足见这次人才选拔的质量之高。

因此，嘉祐二年（1057年）被称为“千年龙虎榜”，实在不是浪得虚名。而这一切，有很大一部分都要归功于欧阳修。

遗憾的是，虽然是个超级伯乐，HR工作能力一流，但纵观欧阳修的一生，他自己却没有遇到过几个好伯乐。

他从十七岁便开始参加科举考试，第一次参加家乡的州试时，他本以为胜券在握，最后却因为“以赋落官韵而被黜”。三年后，他再次参加春闱，却不料这次的主考官正是他极力反对的西昆派领袖之一刘筠。出榜后，他果然还是名落孙山。

要知道，这个时候的欧阳修，因为文章出彩，早已名满天下，却还是在科举考试上屡屡受挫。痛定思痛后，欧阳修认为这种考试不适合自己，转身去拜见当时的文坛大家胥偃，好在胥偃是个有眼光的人，不但将女儿嫁给了欧阳修，还大力举荐，让布衣出身的欧阳修得以参加只有七品以上官宦子弟才有资格参加的国子监考试。

这一次，欧阳修没有辜负胥偃，在国子监考试中拔得头筹，次年春闱又一次名列第一，很是风光。到了殿试环节，本以为可以连中三元的欧阳修，却意外输给了王拱辰，只能屈居榜眼，甚为惋惜。

或许，正是因为自己的路走得异常艰难，欧阳修对同样怀才难遇的后来人产生了同理心。就像网上那句流行语所讲的："因为自己淋过雨，所以总想替他人撑把伞。"

北宋应该感谢欧阳修，历史也不会忘记欧阳修的丰功伟绩，而我们现代人，应该学习欧阳修这种独具慧眼、知人善任的精神。更要建立完善的人才选拔、培养和发展体系，才能让人才更好地发挥作用，促进经济社会的更好更快发展。

5

“房车出行”，揭秘霸道总裁张居正的品质生活

房车也叫旅居车，它同时具备了“房”和“车”两大功能，堪称“车轮上的家”，是一种很受现代时尚达人欢迎的产品，但其实，从人类发明车轮开始，把“房”搬上“车”就已经成了人们一种不懈的追求。我国古代就有很多精致、舒适又实用的轿子或马车，除了在动力上与现代意义上的房车不同外，其功能性差别不大。

只不过，由于古代严格的封建秩序，能够享受这种“房车”服务的人，除了皇帝便寥寥无几，可明朝的时候，却出了这样一个大人物，他不但享受了这种“房车”出行的待遇，而且规格比皇帝还要高，甚至，严格来说，在我国古代的历史上如他这般奢侈出行的人，没有第二个。这个大人物，就是明朝首辅——张居正。

张居正是湖北荆州人士。据说，他出生之前，其曾祖父曾经梦见一轮明月掉落，刚好落在一个水瓮里，月光皎洁，映照得周围

一片明亮，一只洁白的龟在月光中自水瓮而出。于是，曾祖父便认定自己的小曾孙便是这只白龟，张居正也因此得了个“白圭”的乳名。

因为天资聪慧，张居正成了家乡有名的神童。十二岁那年，他参加当地的童试，因为表现优异，被荆州知府李士翱看重。李士翱不仅勉励他要好好读书，将来报效国家，还亲自为他更名为“居正”（没错，张居正这个名字是李知府给取的）。

第二年，张居正参加了乡试，但当时的湖广巡抚顾璘认为，张居正虽然才气难得，但尚需磨炼方成大器，于是从中阻挠，导致张居正最终落榜。

三年后，也就是嘉靖十六年（1537年），十六岁的张居正再次参加乡试，这一次，果然顺利通过，成了人人羡慕的少年举人。

虽然三年前没有让张居正通过考试，但顾璘其实还是非常欣赏张居正的，他曾经对别人说过：“张居正这个孩子是个将来能够当宰相的料啊！”在张居正中举后，顾璘还将自己珍视的犀带（犀牛角装饰的腰带）送给了他，并告诫张居正：“孩子，你一定要树立远大的抱负，要向伊尹和颜渊看齐，而不是满足于当一个少年成名的举子。”

事实证明，李士翱和顾璘的眼光是十分准的。嘉靖二十六年（1547年），年仅二十三岁的张居正顺利考中进士。在进入官场后，张居正在内阁重臣徐阶的引导下，努力钻研朝章国故，为自己日后登上政治舞台打下了良好的基础。

张居正其实算是十分幸运的。他一生辅佐了大明三个皇帝，第一个就是嘉靖帝，此时内阁斗争激烈，张居正自己也还没有足够的实力，只能听从徐阶的建议，内抱不群，外欲浑迹，静静地等待时机。嘉靖帝一心求仙问药，对朝政并不关心，张居正抓住机会，带领百官积极作为，帮嘉靖帝将国家治理得很是不错，自己也成长得非常快。

后来，嘉靖帝去世，明穆宗朱载坖（《明史》误作朱载垕）继位。这是一个好色又短命的皇帝，因为纵情声色，服用春药过度，才当了六年皇帝，隆庆帝就一命呜呼了。这段时期，张居正以裕王府旧臣的身份，跻身内阁，成为仅次于老师徐阶的次辅。

明穆宗走后，他才十岁的儿子朱翊钧登上了皇位。这就是明神宗万历皇帝。此时，已经积累了足够资历、人脉、权力、才干的张居正立刻应时而动，终于一跃成了首辅，大权在握。

这个“权”有多大呢？不夸张地说，比皇帝明神宗的权力还要大。

张居正当然也没有浪费这份权势，一方面，他积极推行改革，首推“一条鞭”法，为国家提高了财政税收，重用戚继光等名将，积极修缮万里长城，加强了国防建设，消灭了倭寇，稳定了政局，让已经走向下坡路的大明王朝有了最后一段的辉煌。

但另一方面，这位“古今宰相之杰”登上权力巅峰后，在道德修养方面开始受人诟病。张居正在生活方面比较奢靡，爱摆谱，讲派头，其中一个重要的证据就是他曾经乘坐“超级房车”出行。

这是怎么回事呢？

据说，万历六年（1578年）的时候，张居正奉旨还乡，为自己一年前去世的老爹办丧事。要知道，父亲死了，皇帝还亲自关心，下旨要求臣子回乡奔丧，这是多么大的体面啊。

根据黄仁宇所著的《万历十五年》记载，张居正这次返乡，阵仗有多大呢？

在他随从的一众侍卫里面，有一队鸟铳手，是当时总兵戚继光亲自委派来护送张居正的。要知道，在万历年，鸟铳还是十分先进、时髦的火器呢，一般人断然是用不了、用不起的。

不仅如此，张居正还乘坐了一辆前无古人后无来者的大型公车。这辆公车，就是被后人诟病的“超级房车”，其实就是一辆十分豪华完备的轿子。这辆豪华轿子据说是由大明朝顶级的木匠，用最精品的乌木制造的，技艺精湛，设计浑然天成，最重要的是，它的面积足足有五十多平方米，相当于现在意义上的那种一室一厅、一厨一卫的小套楼房。

张居正还给他的这套“房车”起了很吉祥的名字——“如意斋”。在返乡途中，张居正就在这顶豪华轿子里生活休息、接见大臣，两个仆人亦在轿子里专门伺候这位首辅。

那时候中国没有电力发动机，那么，这么大的一个轿子，靠什么来前进呢？

没错，只能靠人力。作为张居正这顶轿子的动力的是足足三十二个精壮的轿夫。他们都是经过特殊训练、经验丰富的轿夫，无论是起步、行进还是落轿，都能做到不慢、不晃，相当稳当。

不过，这个轿子毕竟太大了，再加上这么多的轿夫、随从，以至于张居正所到之处，必须提前派人清理道路，沿途的大小官员更是趁机夹道拜迎，就算是当地的藩王也不得不出来迎送，向张居正行宾主之礼。

如此一来，张居正的风头可以说是要多大有多大，但到底物极必反，这件事之后五年，张居正病逝。不久，明神宗便授意，让臣下发起了一场轰轰烈烈的反攻倒算运动，“超级房车”成了张居正最重要的罪证之一。其家人因此被抄家，或死或流放，十分凄惨，甚至就连已经去世的张居正都被褫夺了谥号，还一度被要求开棺鞭尸，好在舆论强大，最终遏止了这种主张。

一代首辅，在故去后下场竟然如此凄惨，真是令人唏嘘。

而且，张居正的“超级房车”事件，虽然被说得有鼻子有眼的，但真正可考的记载其实并不多，反而是后来人从整理出的明朝奏章里发现，弹劾、谴责张居正弄权跋扈的人有，但就这个“超级房车”说事的，还真没有。所以，“超级房车”到底是真是假，其实已无从得知。

作为“近三百年大明历史上唯一的一个政治家”，张居正在死后，毁誉参半，这就是他留给历史的印象，或者说，历史留给我们的张居正的形象。

第二章

拼命奋斗冲业绩

1

福利制度推手——蔡京，推广福利院、国家公墓

蔡京是北宋时期有名的大奸臣，史称“六贼之首”，但一般的大奸臣往往只顾自己享受，不管百姓死活，可蔡京不一样，他却是北宋朝有名的福利制度推手，近现代的福利院、国家公墓等，都发端于他的一系列福利政策。如果说，福利是国家一项伟大的文明成就，那么，我们回顾福利制度的历史，看到蔡京时，就不可避免地产生疑惑：

身为大奸臣，却为老百姓建立了完备的福利制度，这不是悖论吗？

真理具有时空条件性，要弄明白这一切，还得回到北宋当时的政治社会环境下去讨论。

蔡京，字元长，福建莆田人。说起来，蔡家还是“有点儿东西”的，毕竟创下过“一门七进士，父子三探花”的传奇。蔡京更非等闲之辈，考中进士，入得朝堂，他的野心是非常大的。

为了实现自己的目标，蔡京付出了实打实的行动——“随机应变”。

“随机”到什么程度呢？一开始，蔡京和弟弟蔡卞一起为宋神宗卖命，积极支持变法改革，两兄弟的官越做越大。可不久，宋神宗逝世了，高太后上台后，开始重新起用司马光等老臣，而司马光坚决反对变法，一被起用便着手恢复差役法，给下面人下了死命令：五天之内必须实行。

面对司马光的这一命令，其他大臣都觉得时间太紧，可一向积极支持变法的蔡京却二话不说就按时完成了任务，其辖区内全部改雇役为原来的差役，竟然没有一个人违反的。就连司马光都不得不感叹：“蔡兄啊，要是人人都奉旨守法如你一般，还有什么政令是行不通的呢？”

但有意思的是，没过几年，高太后去世了，宋哲宗亲政，担任宰相的人变成了章惇。章惇是谁？当年积极跟着王安石搞变法的人。所以，聪明的蔡京又变了脸，很快就从守旧派转投到了章惇的改革派，继续支持改革。

就这样，靠着独门的“变脸”技巧，精致的利己主义者蔡京在宋哲宗时代混得那叫一个风生水起。

除了会“变脸”，蔡京能混得好，还得益于其精准的谄媚之术。宋哲宗一去世，蔡京失势，差点儿就要被清算了，正巧发现了一株“救命稻草”——童贯。于是，蔡京想都没有想，趁着童贯以供奉官到三吴访求名画奇巧的机会，日夜陪伴、极力巴结，哄得童贯天天将蔡京的作品（蔡京不但脑子好，也是个喜欢舞文弄墨的书法家呢）送到宋徽宗眼前。久而久之，宋徽宗便把蔡京当成了艺术知音，蔡京又一次咸鱼翻身，甚至大红大紫，位极人臣。

把持朝政以后，蔡京贪婪无度、任人唯亲，还打击报复以前的“同事”，做了不少坏事，说他是“六贼之首”，并不冤枉。

不过，蔡京也有难得的一面。他有自己的理想——丰亨豫大。

这四个字出自《周易》，本意是对富足兴盛、太平安乐社会的描写。

为了实现这一理想，蔡京大手一挥，制定了一套独家的社会福利制度体系：

> 置居养院、安济坊，给常平米……又置漏泽园……置籍，瘗人并深三尺，毋令暴露，监司巡历检察……

在蔡京的构想下，北宋的社会福利制度主要包括三个系统：

第一个就是居养院，相当于现在的福利收养机构。一旦发现辖区内有被遗弃的婴儿、孤儿或者生活贫困的孩子，都可以送入附近的居养院。对于婴儿，居养院会雇人乳养，大一点的孩子还会被居养院送去读书学习。而之所以叫居养院而不是孤儿院，是因为居养院也是北宋版的养老院兼残疾人福利院、收容所。居养人所需要的口粮、生活开支、取暖费用等，一应由国家提供，避免了走投无路者饿死街头的现象。

第二个是安济坊，相当于现在的福利医疗系统。严格来说，这种类似公立医院的做法，是苏轼在杭州任职的时候，为了抗击瘟疫而提出并建立的，但蔡京将这个想法进行了创新，推广到了全国。安济坊一般会招募僧人入驻，僧人身份其实就是国家免费的医生，国家给其赐紫衣（紫衣代表尊贵，在当时不是谁都能穿的），祠部牒各一道。并且，还要求僧人建立看诊台账，给每一个病人都建立单独的病历，详细记载对其进行救治的过程和结果，年终的时候用来作为考察僧人服务政绩的指标。

最后一个是漏泽园，相当于福利丧葬系统，类似现代意义上的免费公墓。这种公墓一般会选择荒芜的高地，避开农田，以免影响农业生产，主要的服务对象是那些路边无人认领的死尸，以及因为贫困而亲人无力安葬者。据说，蔡京建立的这种国家公墓，给每一位死者都分配了八到九尺的墓葬空间，并且还规定埋葬深度不能浅于三尺，以避免尸体暴露。此外，每一个墓还会分配两块方形的砖头作为墓碑，上面标着死者的姓名、户籍、死亡日期等，工作人员还会为死者摆上祭品进行祭奠。

从这三个福利系统来看，蔡京设计的福利制度可以说覆盖了“生老病死”的各个层面，实现了“从摇篮到坟墓”式的国家福利。

不仅如此，北宋福利制度的享受门槛还很低，并不是非得“鳏寡孤独贫乏不能自存”才行，而是不分贫富、全民共享的真正意义上的国民福利。

有这样完美仁慈的福利制度体系，老百姓还不得开心死吗？

不，恰恰相反。

不控制成本，不设置条件，不研究发展的结果，就是可怕的

“过度福利”。

蔡京的福利制度推行以后，宋徽宗不止一次下诏，申明国家的福利政策本意是为了施惠困穷，但“诸县奉行太过，甚者至于设供张，备酒馔”“皆资给过厚”“日用既广，糜费无艺”。更夸张的是，有的地方不但免费提供衣食住行，甚至专门给被救济的人高价雇保姆、丫鬟和护工，被救济者所居住的地方冬给火炭（那时候的炭是很贵的）、夏给凉棚，就连使用的餐具都是金漆的，床上用品也是价格昂贵的毛皮织物。说白了，这哪里是救济，简直就是供奉。

最不应当的是，随着福利机构所耗费的政府财政支出的加大，一些地方竟然以优先供给福利机构为由，拖欠军队的粮饷。

很明显，蔡京的福利制度在推行过程中，存在严重的制度缺陷和执行、监管上的不力，以至于地方“贫者乐而富者扰”，懒汉及贪污腐败层出不穷，地方百官“不养健儿，却养乞儿。不管活人，只管死尸”。

归根到底，蔡京推行的福利制度本身并不具有促进社会公平的作用，而是体现皇恩浩荡的面子工程、百官“雁过拔毛”的工具，其结果也只能是加剧社会的不公平，最终形成“负福利”，完全违背了“扶危济困”的本质目的。

蔡京推行的福利制度表面上看似美好，但当时的结果却并不理想，不仅未获得民众认可，还加速了北宋国库的亏空，加剧了朝廷的财政危机，为北宋的灭亡添了一把火。或许，这才是蔡京被评价为“六贼之首”的根本原因。

毕竟，历史或许会被歪曲和篡改，但群众的眼睛是雪亮的。

2

为了找份好工作，他设计了史无前例的长江大桥

如今比较有名的长江大桥，有武汉长江大桥，以及我国自行建造的第一座长江大桥——南京长江大桥，但其实长江干流上已经建成各类大桥一百多座。而追溯到一千多年前，在今天马鞍山市的横江之上，南唐才子樊若水就早已建起了一座长江大桥，其结果便是直接加速了南唐的灭亡和北宋的建立。

是的，你没有听错，樊若水是南唐人，他设计了一座史无前例的长江大桥，然后用这座桥灭了南唐。这是怎么一回事呢？

樊若水，又名樊知古，祖籍京兆长安，其祖父和父亲都曾经当过县令。长大后，樊若水也想子承父业，继续混迹官场。可无奈的是，虽然樊若水打小就聪明，也参加了很多次科举考试，但就是运气不好，始终没能考中。

既然科举考试走不通，樊若水就想走“捷径”。他直接给南唐的一把手李煜写了一封自荐信，对当前的国家治理提出了很多自

已的建议，不仅如此，他还投其所好，附上了几首自己辛苦写的诗作。可信和诗作献上去以后，李煜压根没有当回事。踌躇满志的樊若水为自己找了另一条出路：

此处不留爷，自有留爷处。如今早已是风雨飘摇、民不聊生，何必还要留恋这个朝廷呢？

樊若水将眼光投向了北方的大宋。此时，赵匡胤早已基本统一中原，对付南唐是迟早的事。而且，樊若水听说，赵匡胤也在积极寻求人才，所以，与其在南唐英雄无用武之地，何不北上归顺大宋，为赵匡胤效力呢？

不过，这个想法虽然不错，但他毕竟是南唐人，在做出最终决定前，他一是做了长期的思想斗争（为了自己的未来而背负叛徒的罪名，这件事不是谁都能轻易承受的），二是谋划了一个争取赵匡胤信任的方法。

樊若水分析，赵匡胤迟迟没有对南唐下手，并不是不想，实在是因为南唐占据了优越的地理位置，和北宋一江之隔，赵匡胤苦于天堑难渡，这才止步不前。

想到这里，樊若水便有了主意：自己投靠北宋，不就是想争取北宋皇帝的信任，得到一个好工作，既然现在北宋面临的最大障碍就是长江，那么，他樊若水要是能够想办法帮助北宋打造一座横跨长江的大桥，将北宋进攻南唐的“最后一公里”打通，辅助赵匡胤完成统一天下的大业，那还愁什么将来呢？

樊若水越想越兴奋，当天就带着家伙什，来到长江边上进行实地勘察。

他的想法很美好，也很大胆，但要实现起来，可不是什么容易的事。首先这桥建在什么位置，就大有学问。

好在，樊若水毕竟是长期生活在江边的人，又熟读兵法和地理书籍，对长江的地形地貌、要塞关卡等，无一不通。研究了一段时间后，樊若水确定，搭桥的首选地点应该是在采石江面，因为这一带的江面足够狭窄。

但与此同时，樊若水也面临了另一个问题。采石江面虽然狭窄，却是“惊波一起三山动”的奇险之地。采石亦是南唐看守极为严格的军事重镇，想要在采石一带测量、搭造大桥，其危险程度，可想而知。

但办法总比困难多，樊若水立誓要给赵匡胤一个漂亮的投名状，好安顿自己的后半生，所以他是绝对不会轻易放弃的。

不久，通过介绍，樊若水进入了采石的广济教寺，落发受戒，当起了和尚。

你以为，樊若水被搭桥的难度吓跑，改了志向，打算皈依佛门吗？

当然不是。这广济教寺已有七百余年的历史，位置在牛渚山的南麓，樊若水来到这里，不过是想利用僧人的身份，暗中对采石江面进行测量罢了。

因为樊若水是托人介绍来的，所以广济教寺的住持也就对他格外照顾，不仅允许他在寺院自由出入，还基本不给他安排任何工作。所以，樊若水就有大量的时间和机会前往牛渚山附近进行地形测量。

暗中绘下地形图，做好符号标记后，樊若水还需要实地测量江面的宽度。为此，樊若水便常常对外说自己要去江边垂钓，然后带着小船和丝绳，挑一个隐蔽无人的地方，将丝绳拴在附近的礁石上，顺着丝绳划到江对岸，这样就得到了一个数据。当然，为了数据的准确性，一次丈量肯定是不够的，樊若水就用这个办法，如此往返于采石江面，一连数月，测量了十几次，其间都没有被发现。

做好勘察工作后，樊若水并没有立即动身北上。毕竟，现在这个和尚的身份实在太好用了，为了确保将来的行动不会失败，樊若水还要“多做一步”，提前为搭桥建造固定物。因为，他之前在测量江面宽度时就已经发现，江南这边的岩石和大树等，都不利于缆绳的固定，如果不解决这一点，他的搭桥方案可就泡汤了。

为此，樊若水狠下血本，以“广种福田”的名义，向广济教寺捐了一笔款项，并提出，用这笔款项在牛渚山临江一带凿石为洞，在洞里供奉佛像，建造石塔，以宣扬佛法，保佑江上过往船只的安全。对于樊若水这个提议，广济教寺可以说完全没有理由拒绝，所以很快，这个提议便被提上了日程。为了监督工程进度，确保工程建造与日后的搭桥设计相一致，樊若水还亲自请命，主动在现场督工，不到两个月，工程便顺利竣工了。

一切准备妥当，樊若水便脚底抹油——溜了。

开宝三年（970年），樊若水不辞而别，从广济教寺逃到了北宋的都城汴梁，求见赵匡胤，向赵匡胤献上了他的“平南策”和《横江图说》。

樊若水辛辛苦苦准备的这份投名状，令赵匡胤龙颜大悦：“有了这份采石详图，南唐李煜小儿已经是我的囊中之物了。”

于是，樊若水果然在北宋得到了赵匡胤的器重。他被特许参加北宋的进士考试，及第之后，通过吏部的铨选，又被授予舒州军事推官一职，还被批准参与征伐南唐的军务。

大概是在南唐受了太多的委屈，赵匡胤的器重让樊若水感激涕零。开宝七年（974年）十月，樊若水又被升任为太子右赞善大夫。为了报答北宋皇帝的知遇之恩，樊若水不但亲自参与了架桥的大量工作，还积极为宋军出谋划策，帮助宋军俘获了一大批南唐将领。

在最终的攻坚阶段，樊若水又作为技术指导，终于成功帮宋军架起了浮桥，于是，宋军渡江，“若履平地”。金陵城破，曾经看不上樊若水的李煜，如今因为樊若水的努力，成了亡国之君。

樊若水为赵匡胤最终消灭南唐立下了不可磨灭的功劳，事后又被升为侍御史，不久又转任江南转运使，在职期间，颇有作为。

因为樊若水是历史上第一个提出在江上搭建浮桥的人，所以，后人称其为“第一座长江大桥的发明者”。

谁能想到，在长江上搭建史无记载的浮桥这种连李煜都认为是儿戏的事，最后却被一心找工作的樊若水实现了呢？

夜深人静、故国已远的时候，不知道李煜有没有后悔当初没能重视那个不起眼的樊若水呢？

3

宋军不知名小兵，促成了澶渊之盟

历史长河浩浩荡荡，其发展具有时代的必然性，但有时候，不可否认的是，它也有人类无法完全掌控、偶然性的一面。能改变历史轨迹的，不仅有伟大的英雄，还有一些名不见经传的小人物。

景德元年（1004年）的秋天，已经和宋朝打了二十多年的辽国，这一次由萧太后和辽圣宗亲自率军，大举南下，深入宋境，攻占宋朝疆土。

这个时候，举国都将目光投向了坐在龙椅上的宋真宗，但谁也没有想到，如此剑拔弩张的形势下，和平的契机竟由一个不知名的宋朝小兵而起。

不过，彼时的宋朝谁也没有能力预料到会有这样的转机。辽国大军压境，百官和皇帝顿时失了神，一些大臣趁机提出避敌南逃，宋真宗心动了，但宰相寇准极力反对，并力劝宋真宗御驾亲征，前往澶州：

今陛下神武，将臣协和，若大驾亲征，贼自当遁去。不然，出奇以挠其谋，坚守以老其师，劳佚之势，我得胜算矣。奈何弃庙社欲幸楚、蜀远地，所在人心崩溃，贼乘势深入，天下可复保邪？

他的分析有理有据，其他大臣也开始附议，内心懦弱的宋真宗只好不情不愿地答应了下来，却迟迟不肯出发。寇准无奈，为了催促宋真宗早日出发，他便故意将前线战事的急报扣留了一阵，等积攒得多了，再一起拿给宋真宗看。面对这么多的急报，宋真宗慌了，忙问寇准应该如何处理。

寇准叹口气："官家是想要尽快解决这个事情，还是打算慢慢来呢？"

"当然是要尽快解决啊！"

"只要官家肯立刻御驾亲征，老臣以为，此事五天内就能够得到解决。"

宋真宗不说话了，亲征的事最终落实了下来，雍王赵元份被安排留守京师，宋真宗则于十一月二十日正式出发。

在路上走了两天，宋真宗和宰相等人到了韦城，此时前方的战况仍不明朗，而约定好应该南下接应真宗的部队也迟迟没有来，宋真宗又害怕了，其他大臣也趁机鼓吹撤退。寇准只好又站出来说："官家，不要再犹豫了！咱们现在只得前进，万不可后退。要知道，河北诸军都在日夜盼望官家亲临，您要是现在扭头撤退，势必会寒了军心，到时候，辽军再趁机打过来，恐怕我们还没有撤退到金陵，就要成为辽人的俘虏了啊！”

寇准的话让宋真宗想起了自己的父亲，当年太宗亲征时失踪，不就是如此吗？想到此，宋真宗后怕起来，终于不再提撤退的事了。

到了二十五日，宋真宗一行人可算来到了澶州南城（澶州以黄河为界，分为南城和北城）。面对黄河对岸北城的滚滚硝烟，宋真宗又怕了，他不想过河。

这一次，寇准连劝都懒得劝了，只说了句：“咱们主力军都在北城，官家不去北城，亲征也就没有任何意义了。”换言之，就躲在南城不出去，您还不如不来。说完，寇准也不管真宗同不同意、害不害怕，催促着卫兵护送真宗到了北城。

在北城，宋真宗召见了守城的各路将领，而其他将士得知官家亲临，士气大振，对着城楼上的黄龙旗帜就是一阵山呼万岁，其中，有一个威虎军头，名叫张瑰，喊声最是响亮。

事实证明，有些人不但口号喊得响，事也做得漂亮。很快，张瑰就在接下来的宋辽对战中，做了一件改变历史的大事。

其实，早在宋真宗犹犹豫豫、一步一回头的时候，辽国南下的部队早已打到了澶州城下。只是，辽军虽然勇猛，但毕竟是游牧民族，在攻城略地方面不太擅长，而宋军又坚守不出，双方因此对峙了好几天。

眼见得不能再拖了，这天，辽国大帅萧挞凛（一作览）率领诸军又一次来到澶州城下，开始向宋军施威。他穿着闪亮的盔甲，在辽军诸人中显得格外与众不同。

这一切，早已被伏在城头的张瑰看在了眼里。寒冬腊月，他们忍饥挨冻，在城头站岗，可这帮辽人却穿得金光闪闪，吃饱喝足，骑着马在城下对着他们指指点点，这让张瑰很是生气："老子和兄弟们过得这么惨，都是这帮辽贼害的！如今这些贼人还在那里神气、叫嚣，今天老子非得让他们吃吃苦头不可！"

这样想着，张瑰握紧了手里的铁锤，看了一眼脚下的三弓床弩，又瞥了一眼城下靠近的辽军，说时迟那时快，张瑰手起锤落，三弓床弩在他的大锤敲击下发出一声怒吼，四五张弩同时击发，利箭射向了城下辽人的军队。

照理说，三弓床弩的射击轨迹呈抛物线状，属于无法精准射击的武器，所以，张瑰这一锤子下去，本也没想着一定把谁干掉，只是觉得射到谁算谁，就算射不到，对辽军也是一个震慑，能够杀一杀这些人的威风。

果然，三弓床弩射出后，辽军很快便乱作一团，但大部分士兵都扑向了其中一个落马的人。

看到这里，张瑰自己都不敢相信，身边的兄弟却已笑了起来："张头儿，可以啊你，打中了！真解气！"

即便是这时候，连张瑰自己都没有想到，这一锤子射杀的，居然不是什么无名小卒，而是对面辽军的主将萧挞凛！

张瑰那一锤子砸下去的时候，辽军尚在澶州北城七百步开外，却被一个抛物线轨迹的武器精准干掉了主将。张瑰一下子就扭转了战局。

主将萧挞凛的突然暴毙，让萧太后和辽军都感到害怕。那是辽军的一代名将啊，就这么轻易地死掉了，这对辽军几乎是毁灭性的打击。

于是，一向精明强干的萧太后表面上辍朝五日，令全军为萧挞凛致哀，暗地里却派人秘密向宋朝议和。

这下子，宋真宗高兴坏了。他本来就担心出事，始终都没有与辽军一决胜负的决心，张瑰的一锤子，砸得萧太后直接主动求和，正中真宗下怀。

但此时对宋军而言，本具有极大的有利形势，如果在这个时候同意辽军的求和，无疑是十分屈辱的。所以，寇准立刻向宋真宗苦谏，表示辽军此时已经人困马乏，加上主将被杀，军心大乱，已是强弩之末，宋军更应该趁机北上，收复燕云十六州，而不是一味媾和。边防大将杨延昭亦向真宗提出了同样的意见。

不过，恐辽症晚期的宋真宗实在不想继续打下去，这让其他主和的大臣又一次看到了希望，他们顺应宋真宗的意思，联合起来攻击寇准等人，认为寇准不同意和谈是想要拥兵自重。无奈，寇准也只好闭嘴了。

就这样，宋、辽两国顺利进入和谈阶段。可令人气愤的是，辽国派人和谈，竟还要求宋朝归还瓦桥关南之地，而宋真宗自认为财大气粗，便对被派去与辽人和谈的曹利用说："割地求和，恐遭后世诟病，但和议机会难得，如果辽人同意不割地而讲和，就是向我们索取钱财百万，也同意他们便是。"

宋真宗当家不知柴米贵，随随便便就许诺出去百万之资，还好寇准知道以后，暗中又将曹利用叫了来，说："官家虽然跟你说底线是百万，但我告诉你，辽人的和谈价格要是超过三十万，我一定先把你的脑袋砍了。”

可怜的曹利用领命到了辽营，最终与辽国达成和议：宋辽自此为兄弟之国，以白沟河为界（辽国放弃了瀛、莫二州），双方撤兵，宋朝每年向辽提供助军费“绢二十万匹，银十万两”，双方在边境开放贸易。

就这样，本以为要给辽人百万之资的宋真宗，听到曹利用的回禀，很是开心，于是重赏了曹利用。而一锤子砸出澶渊之盟的张瑰是否得到应有的提拔或奖赏，历史没有记载，便不得而知了。

虽然澶渊之盟是宋朝在有利形势下却让辽人占了大便宜，并自此不再居安思危，但值得肯定的是，这次和谈的确给两朝带来了长达百年的和平，这一点也是难能可贵的。而促成这一切的关键人物张瑰，在历史上唯一的记载，也不过是短短几行字罢了。

或许，这就是历史不讲理的一面吧。

4

王安石搞改革，却遭遇差评

王安石是北宋著名的文学家，位列“唐宋八大家”之一，但其实，他在历史上还有一个更加重要的身份——改革家，只不过，他发起的这次改革，却收到差评。

王安石之所以要搞改革，源于北宋开国皇帝赵匡胤当年的“杯酒释兵权”。虽然收回了兵权，消灭了武将兵变的风险，但毕竟天下没有免费的午餐，赵匡胤避免武将造反的方法，就是不仅赐给了武将很多的土地和财富，甚至直接允许其子孙后代不用参加科举考试就能进入官场，同时还允许其以官员的身份经商。如此一来，很多贪财又无能的武将子弟混入官场，大搞官商勾结，把北宋官场搅得乌烟瘴气。不仅如此，兵权全部收归中央，也给中央带来了繁重的养兵负担。当时，北宋禁军和厢军加起来一共有一百四十万人之多，每年光这百万人口所需要的粮食、兵器和马匹等，就要耗费大量钱财。久而久之，北宋不但国库空虚、入不敷出，而且贫富差距巨大，“富者田连阡陌，贫者无立锥之地”的现象越来越严重。

在这样的时代背景下，王安石通过科举考试，怀着一腔热血，正式进入了官场。

一开始，因为王安石在地方表现优异，政绩斐然，朝中大臣多次向仁宗举荐他，要提拔他。但王安石是个怪人，在他看来，要实现未来的理想抱负，就必须扎根基层，深入体察民情民意，所以，他接连几次拒绝了朝廷的升职任命，一心要在偏远的省份当地方官。

后来，宋神宗即位。这位皇帝是王安石的小迷弟，一上台就召王安石入朝，大事小情都征求王安石的意见，对他十分器重。

也许是认为自己做好了足够准备，也许是宋神宗的倚重给了王安石信心，熙宁元年（1068年），王安石在宋神宗又一次就国事征求其意见时，直接提出了“治国之道，首先要确定革新方法”的观点，并随后上书《本朝百年无事札子》，对北宋从建国初年到当下所存在的一系列问题及成因进行了详细的分析，主张神宗应该效法尧舜，移风易俗，简明法制，进行深度改革。

王安石的这一变法主张，得到了宋神宗的大力支持。第二年，宋神宗就将王安石提拔为参知政事，位列宰执。大权在握的王安石，直接大笔一挥，发布了大大小小数十条法令，轰轰烈烈的“熙宁变法”开始了。

王安石变法的具体措施有很多，其中，最具有代表性的有三条：

一是青苗法。简单来说，就是在农民遭遇青黄不接的时候，由官府出面，以百分之二十的利率贷粮食给农民，等丰收的时候，再由农民还上，从而避免农民向地主借高利贷。对这个方法王安石是十分有信心的，因为他已经在地方实践过了，而且很成功，所以才决定推广全国。

二是均输法。这一条是对上贡政策的改革和优化。原本，各个地方每年都要向朝廷上贡，距离远的，贡品就只能千里迢迢运输到京城，十分耗费人力和物力。为了解决这一问题，王安石便在各地特设了一位“发运使”，专门负责各地的贡品收购事宜。发运使对上贡方式有很大的决定权，比如，当地当年粮食大丰收，那么，发运使就有权将收购的贡粮运输到其他缺粮的省份进行出售，卖粮所得的钱款，再由发运使用于到别的地方去购买朝廷真正所需要的物资；但如果当地这一年恰好缺粮，发运使也可以决定只接受钱款上贡，然后拿着钱款再去购买需要上贡给朝廷的粮食或者其他物资。而且，最重要的是，收购和卖出的具体价格，完全可以由发运使说了算。

三是市易法。这个改革方法简单理解就是，以前老百姓想要去市场上卖点儿什么，价格可以自己说了算，但实行市易法之后，所有商品都必须由市易司的工作人员来确定商品价格后进行官方收购，然后再统一由官方在市场上进行销售。和发运使一样，市易司可以完全决定买入和卖出的价格。

表面上看，这三条改革措施似乎都是利国利民的好政策，但执行下去后，却漏洞百出，这是怎么回事呢？

一方面，青苗法虽然在地方推行时获得了成功，但在全国推广时，王安石为了检验地方官员对于变法的支持力度，将地方贷给农民的粮食的数量作为评价官员政绩的标准，这样一来，原本政策中规定的农民自愿借粮，就变成了强制借贷。更过分的是，下面的官员会将陈年烂米借给农民，来年却要求农民偿还新鲜无损的粮食。如此一来，青苗法不但没有帮到农民，反而比地主的高利贷更为可怕，导致各地怨声载道，农民苦不堪言。

另一方面，均输法和市易法的漏洞其实也非常明显。这两项政策中的发运使和市易司对收购和卖出的价格都有绝对的掌控权，这就导致，原本政策的目的是平衡和控制市场价格，减少地方和农民的负担，但实际却给了发运使和市易司一个发家致富的机会。既然价格完全由他们决定，且不受限制，那低买高卖、狂赚民脂民膏几乎就是必然的。这样一来，发运使和市易司赚得盆满钵满，而老百姓的生活更是雪上加霜，饿死的人不计其数。

就这样，经过王安石的一通改革，国家财政看上去是好转了许多，可代价却是老百姓更加贫困，贫富差距和土地兼并问题不但没有得到解决，反而更加严重了。王安石改革是为了“发富民之藏”以救“贫民”，但结果却是贫民愈加流离失所、饿殍遍地，整个大宋一片惨状。

所以，虽然初衷是好的，但王安石的改革还是受到了老百姓的强烈反对，以及很多官员的批评。但可悲的是，王安石在用人的问题上又犯了重大错误。他任人唯亲，听不进去一点儿反对改革的声音，也丝毫没有关注到被奸臣掩盖的实情，以至于在激进的改革之下，北宋社会秩序越来越乱。

王安石在《北陂杏花》中写道：“纵被春风吹作雪，绝胜南陌碾成尘。”就个人品德而言，他清高自傲、敢于斗争、绝不服输，的确堪比高洁的杏花，但这并不能否认，在改革的过程中他的确犯了很多错误，造成了十分严重的后果。王安石理应就改革问题得到历史的审视和批评。

但拿改革的失败来全盘否定王安石也是不对的，正确且重要的做法是从王安石的改革中学习经验和教训，以更好地面对未来。

第三章

副业也能出奇迹

1

李白在京城为官，干的是陪皇帝消遣填词的活儿

在人们的一贯印象中，写下“安能摧眉折腰事权贵”的“诗仙”李白，他的人生就是两个字——潇洒。他曾受天子召见，一步登天，贵妃为他磨墨，高力士为其脱靴。相当于在职场里备受老板关照的人，连老板亲信在他面前都要低眉顺眼。

但真实的历史中，李白的职场真的那么潇洒吗？

经过抽丝剥茧后你会发现，不见得。

天宝元年（742年），名震京师的李白奉旨入京。

当时的李白，内心充满了喜悦与自豪，仿佛所有的等待与蛰伏都在这一刻得到了回报。正如他在《为宋中丞自荐表》中所言，不求闻达于诸侯，但求名动京师。如今他做到了，所以，他仰天大笑，去了长安。

那时的李白已经四十多岁，但他的内心依然充满了年轻人的激情与抱负。他怀揣着对政治的理想，准备在长安城大展拳脚，实现

自己的远大志向。

他梦想着成为宰相，或者成为帝师，用自己的才华和智慧辅佐君王治理天下。开始的时候，一切似乎都朝着李白所期望的方向发展。

李白初到长安时，受到了皇帝的高规格接待，场面十分隆重。据李阳冰《唐李翰林草堂集序》记载：

> 天宝中，皇祖下诏，征就金马。降辇步迎如见绮皓。以七宝床赐食，御手调羹以饭之。谓曰：卿是布衣，名为朕知，非素蓄道义，何以及此？置于金銮殿，出入翰林中。问以国政，潜草诏诰，人无知者。

皇帝亲自下诏征召李白入宫，甚至降辇步迎以示尊重，又以七宝床赐食，亲手为李白调羹，称得上礼遇有加。皇帝对李白说："您虽然是布衣出身，但您的名声我已经久仰。如果不是您平素积德行善，怎么会这样呢？"李白可以自由出入翰林院，参与国家大事的讨论和草拟诏书等重要工作。

从这段记录看上去似乎是才华横溢的李白初到长安，确实得到了皇帝的高度重视和赏识。然而，如果换一个角度来看待这件事情，你会发现其中另有隐情。

李白在长安的生活和工作中究竟做了什么？

那段日子，李白经常被召入宫中陪皇帝娱乐消遣，写诗作文以供皇室欣赏。

一次，皇宫中牡丹盛开，吸引了唐玄宗和杨玉环的目光。他们漫步在花的海洋中，享受着这难得的宁静与美好。

为了增添乐趣，宫人们精心安排了表演，李龟年带领的乐师们奏响了悠扬的乐曲，御膳房也呈上了精致的各式小点心。

可经典曲目听久了，唐玄宗感到有些乏味，心思一动，就想找找新鲜感。他一下子就想到了李白。

面对唐玄宗的需求，李白更是毫不犹豫地挥毫泼墨，写出了《清平调》三首：

“云想衣裳花想容，春风拂槛露华浓。若非群玉山头见，会向瑶台月下逢。”

“一枝红艳露凝香，云雨巫山枉断肠。借问汉宫谁得似，可怜飞燕倚新妆。”

“名花倾国两相欢，长得君王带笑看。解释春风无限恨，沉香亭北倚阑干。”

他的文字优美流畅，字字珠玑，将杨玉环的美貌与皇宫的华丽描绘得淋漓尽致。

他赞美杨玉环的衣裳如云彩般飘逸，美貌胜过了盛开的牡丹。他甚至将她比作仙女，人间难得一见。在他的笔下，杨玉环成为与汉宫佳丽赵飞燕相媲美的绝世美人。

随着冬季的到来，李白又接到了跟随皇帝前往骊山温泉行宫的命令。在那里，他写下了《侍从游宿温泉宫作》，不吝笔墨地赞美皇帝、朝廷和大好河山。

那段日子，李白的生活充满了鲜花和掌声，他感到自己与皇帝的关系越来越密切，仿佛已经融入了这个新的圈层。但他似乎还没有真正看清现实的残酷，他沉浸在皇帝的恩宠和繁华的长安城中，却忽略了政治斗争的复杂和宫廷生活的险恶。

而且，跟皇帝关系好，并不代表自己离理想更近一步。因为他所做的工作是陪着皇帝消遣，与他向往的政治理想相去甚远。

有人说，李白不是被称为李翰林吗？这官职不就是参与皇帝政治决策的“皇家秘书”吗？

可是在唐玄宗的时代，翰林供奉与翰林学士虽同为翰林院的成员，但职责与地位却大相径庭。

翰林学士是专门负责起草诏书、参与政治决策的机要秘书一类的官职。他们直接受命于皇帝，是政治活动的核心参与者，对朝政有着深远的影响。翰林学士中的佼佼者甚至有机会晋升为宰相，掌握国家大权。

李白被皇帝赏识并安置于翰林院，他担任的是翰林供奉，这个职位原本是从“翰林待诏”演化而来，其主要职责是以琴、棋、书、画等技艺为宫廷提供娱乐服务。说白了，李白就是个高级填词人。

李白渴望为皇帝出谋划策，为治理国家出力。所以，翰林学士更符合他的期待。然而，唐玄宗看重的是李白的文学才华，而非政治才能，因此将他安置在翰林供奉这一职位上。

或许从最开始，唐玄宗对李白就只有对一个才华横溢的作词人的欣赏，只希望他能以文辞歌颂帝业，粉饰太平。

初时，骄傲的李白没有认识到这一点，得宠之时，作风也极为高调。甚至造就了“高力士脱靴”的名场面。

这件事中，人们记住了李白的神气和傲慢，高力士也不得不屈服于他的要求。但人们却忽视了一个重要的细节——皇帝对这件事的看法。

据《酉阳杂俎》记载：

> 李白名播海内，玄宗于便殿召见。神气高朗，轩轩然若霞举。上不觉忘万乘之尊，因命纳履。白遂展足与高力士，曰：“去靴。”力士失势，遽为脱之。及出，上指白谓力士曰：“此人固穷相。”

在皇帝眼中，李白只是个“固穷相”，难成大器的人。

对啊，皇帝一直拿他当高级填词人，又怎会期望一个填词人有多大作为呢？他只要词写得够漂亮就好了。

也许有人会质疑，前面提到李阳冰《唐李翰林草堂集序》记载中的李白不是曾被皇帝安排在翰林院，有时候还探讨国政吗？

但也仅此而已，在史料上，并无其他关于李白在此期间的政治作为的记载。

渐渐地，随着声名越来越大，李白不免招来了无数的嫉妒与攻击，他也慢慢回过味来。原来这长安城并不是他实现抱负的舞台，他只不过是一个为皇家吟唱赞歌的人。

所以，那时的他，内心充满了困惑与挣扎，而他的排遣方式无外乎喝酒、写诗发牢骚，像极了不如意、到处买醉发泄的职场人，全然不似初到长安时的意气风发。

长安的酒楼、巷陌，都留下了他醉卧的身影。甚至有时，当皇帝召他入宫，他还带着微微的醉意，尽情“摆烂”。

在外人看来，他的这种行为无疑是放浪形骸，有失体统。于是各种非议如潮水般涌来，但李白依旧我行我素，继续用他的笔杆子吐槽，对朝廷发出犀利的谴责和批判。

他在《答高山人兼呈权、顾二侯》里说：“谗惑英主心，恩疏佞臣计。”他在《古风》五十一首里说：“殷后乱天纪，楚怀亦已昏。”这些言辞充满了愤怒和无力。他也渐渐意识到，朝堂腐朽的根源在于皇帝的糊涂。

但他能为此做什么呢？算了，这憋憋屈屈的工作，不干也罢！世界那么大，我想去看看。

天宝三载（744年），李白终于决定离开长安。

唐玄宗对他的离开表现出了极大的宽容和尊重，给了他丰厚的“补偿金”，让他得以体面地离开朝廷。这种“赐金放还”的待遇，在历史上是极为罕见的。很多人认为，这是唐玄宗对李白文人身份的尊重和认可，而非将他视为一个失败的政治家或官员。不然，也不会有这样的待遇。

一份“事业编”的工作，从古至今对人们都颇具吸引力，但并不是所有人都适合这个“职场”。就比如李白，他错付了长安，伤心离去。

但是，离开长安的政治舞台，山川湖海，广阔天地都为他敞开，从那以后，更多精彩的诗篇流淌而出。它们成为闪耀的阶梯，助李白一步步登上诗歌的神坛，成为举世瞩目的“顶流”。

2

苏轼的小吏，凭借高超球技，实现官场逆袭

职场一招鲜，轻松得到大老板赏识，升职加薪，实现人生逆袭。这样的故事，在历史上也同样可见。

在古典名著《水浒传》中，有一个名为高俅的角色，他就像一颗隐藏在北宋朝廷深处的毒瘤，让人切齿痛恨，成为那段历史中无法忽视的存在。

当历史的尘埃缓缓落定，我们透过那泛黄的史页，以更冷静、更客观的视角去审视他时，却能窥见一个不同寻常的传奇人生，一个充满了戏剧性和传奇色彩的人物形象逐渐浮现出来。

在真实的历史中，高俅在北宋的朝堂上曾掀起过怎样的惊涛骇浪？他如何从一个卑微的市井小民，一步步攀升至当朝太尉的高位，成为权倾一时的风云人物？

最初的高俅，只是苏轼身边的一个小吏，默默无闻，似乎人生一眼就看到头了。然而，这个大有野心的小吏不甘如此，一直努

力学习，不断提升自己。他不仅写得一手好字，还广泛涉猎诗词歌赋。他的踢球技艺更是独步天下，无人能敌。而这些才华与技艺，都成为他日后飞黄腾达的敲门砖。

当苏轼被调离京城时，他将高俅推荐给了好友王诜。这位驸马爷对高俅颇为赏识，将他留在了身边。从此，高俅的命运轨迹发生了戏剧性的转折。

据《挥尘后录》记载，一次偶然的机会，高俅被派去为端王赵佶送篦刀子（一种梳子）。当高俅到端王府的时候，碰巧遇见赵佶玩蹴鞠。赵佶让高俅上场露两手，而高俅凭借超群的球技赢得了赵佶的赏识。

从此，高俅开始了他在北宋朝廷的传奇人生。他先是从驸马府的小跟班变成了端王府的大红人，一下子进入了人生发展的快车道。

后来赵佶当了皇帝，更是大力提拔高俅这个亲信。

事实证明，只要足够讨老板喜欢，什么学历资历都不是问题，没有什么可以影响他的职场发展。没中过举的高俅被宋徽宗包装成了武将，并让他担任了殿前司职事一职，成为北宋朝廷的“中流砥柱”，统领北宋禁军。此外，宋徽宗还授予他奉国军节度使、简国公、开府仪同三司、太尉等显赫头衔。总之就是，什么好事都想着他。

一人得道，鸡犬升天。在高俅的庇护下，他的父兄子弟也随之平步青云，占据朝廷要津，享受着无尽的荣华富贵。

高俅不光球技好，心计也不是一般的深，无论在什么岗位上，他总是会变着花样地哄皇帝开心。比如，他统领禁军时，曾主持过一些军队训练和争标竞赛等活动，场面宏大壮观，赢得了徽宗的欢心和好评。

不过，在宋徽宗看不见的地方，高俅又是另一副嘴脸。他将禁军视作私家奴仆一般使唤，侵吞军营地皮以扩建私宅，不仅严重损害了军队的战斗力和士气，也极大地破坏了北宋的军政体制和国防安全。

但是，他不在乎，他的人生主要做的就是两件事：

哄皇帝开心；

让自己开心。

所以，他作恶时更是无所忌惮，挪用军饷、克扣工资，肥了自己的腰包，却使士兵们生活困顿、无心操练。在他“兢兢业业”的管理下，北宋禁军迅速沦为毫无战斗力的队伍。在金军铁蹄南下、国家面临外敌入侵的危急时刻，开封城内数十万禁军一触即溃。

靖康年间，政治风云突变，高俅的罪行被揭露，他成为人们抨击的对象。他的所作所为不仅让人愤慨不已，更让人对北宋朝廷的腐败和无能感到深深失望和无奈。

那些曾经受过高俅恩惠和庇护的人，在此刻也纷纷与他划清界限，以求自保和洗白。

宣和七年（1125年），金军铁蹄如雷，几十万宋军全线崩溃。

靖康元年（1126年），徽宗得知金军渡过黄河的消息，连夜带着亲信童贯、高俅等人逃往东南。

在泗州短暂停留期间，宋徽宗的宠臣们仍为了邀宠而明争暗斗。在这场竞争中，高俅成了失势者。童贯率领胜捷兵三千扈从徽宗继续南下，而高俅则带着禁卫三千留在了泗州。名为“控扼淮津”，实则被排除在权力中心之外。

皇帝不带自己玩儿了，失去了最大的靠山，以后在朝堂的日子很难混下去。高俅便以生病为由回到了开封。

那些曾经跟随徽宗南逃的宠臣，如童贯、梁师成等人，最终都未能幸免于难，被连坐杀死。而高俅却因为提前离开了江南，反而躲过了一场劫难。

靖康元年，高俅病死于开封，他的家产被朝廷抄没。这位曾经权倾一时的朝廷重臣，最终落得个身败名裂的下场。

高俅的人生就像是现代职场的一个缩影。通过上司的某种喜好讨得青睐，无疑能打开更多的职业机会。但是如果因此而得意忘形，心术不正，不能做好本职工作，那么即使有老板撑腰，最终也可能砸了饭碗。

3

西晋大将军的书法造诣

一提到将军，人们首先想到的往往是勇武、粗犷等形象，很少用到“文艺”这个词。但有这样一位大将军，他不但统军有方、智勇双全，还是一位不折不扣的大书法家。他就是西晋的索靖。

公元239年，索靖出生在敦煌一个累世为官的大家族中，父亲索湛还曾经当过北地的郡太守。在这样优秀的家庭中成长起来的索靖，年纪轻轻便已成为远近闻名的才俊。

因为当时曾和同乡的索永、泛衷、索紾和张甝等一同在太学读书，索靖便和这几个人一起被称为“敦煌五龙”。可惜的是，其他几人都英年早逝，只有索靖一直顺顺利利工作到了六十五岁。

一开始，索靖凭借自己的学识和才能，被州里辟为别驾，后又被郡里举为贤良方正。在策试的时候，索靖更是遥遥领先，深得当时的名臣张华、傅玄等的青睐。

毕竟，年轻有为又学识渊博，哪个领导不喜欢呢？

何况，索靖还是东汉草圣张芝的姐姐的孙子，从小就习得了一手好书法。他的章草书，险峻坚劲，自名是“银钩虿尾”（意思就是书法里的钩和挑等笔画宛如银钩和蝎子的尾巴），很受时人的追捧。

不久，索靖又被拜为驸马都尉，捋着被调到了西域，出任当地的戊己校尉长史。

对于这一职位调动，和索靖在同一个郡的张勃却觉得不妥。他以太子仆的身份给朝廷上书，建议朝廷把索靖调回朝廷，理由是索靖实在是太有才华了，这样的贤才，应该在尚书台任职，而不应该被外放在边陲地带。

得亏了张勃的建议，晋武帝恍然大悟，立刻同意把索靖调了回来，重新任命其为尚书郎。

在尚书台，索靖和吴郡人顾荣、河南人潘岳以及襄阳人罗尚等共事。因为表现优异，他深得众领导和同事的喜爱。

在尚书台干了多年后，索靖又任雁门太守，陆陆续续还干过鲁相、酒泉太守等，履职经历可谓十分丰富。

永熙元年（290年），晋惠帝司马衷登上帝位，赐予索靖关内侯的爵位。索靖一时风头无两。

然而，纵是官运亨通至此，属于索靖的人生高光时刻却还未结束。

到了元康年间，西戎发生叛乱，索靖临危受命，被朝廷封为征西大将军（所以后人也称索靖为“索征西”），跟随梁王一起平叛，并成功击败叛军，被升任为始平内史。

过了两年多，赵王司马伦又开始搞事情，起兵想要谋朝篡位，成都王司马颖、河间王司马颙、齐王司马冏成立义军后，索靖立刻响应，以左卫将军的身份对司马伦的亲信孙秀进行了讨伐。讨逆结束后，索靖因军功被加职为散骑常侍，后来又转任后将军。

自此，除了才华和书法以外，索靖又多了一项名震当朝的本事——军功，成了名副其实的大将军。

星移斗转，转眼到了太安二年（303年），无能怯懦的晋惠帝终是纵容出了暴戾酷虐、干权弄政的皇后贾南风，并由此引发了西晋王朝，同时也是中国历史上最严重的皇族内乱之一——八王之乱。

据说，在八王之乱兴起之前，目光长远的索靖其实就预感到了天下局势的变化，但他一个人却无力改变这种局势，只能独自郁闷。有一天，他看到洛阳宫门外放置的铜驼后，忍不住感叹说："恐怕以后你们就要藏身在荆棘之中了！"后来，天下果然大乱，人们便用"铜驼荆棘"来形容国土沦丧的残破景象。

在八王之乱这样巨大的政治危机面前，朝廷又一次想到了索靖，虽然这时候的他已经六十多岁了。

"烈士暮年，壮心不已"，索靖不顾年迈，毅然决然地又一次临危受命，带领雍、凉、秦三路义军同河间王司马颙的乱军交战。

在这场战役中，索靖一如既往地身先士卒、奋勇拼杀，最终大破敌军，但不幸身受重伤，最终不治而亡。

索靖去世后，朝廷为其赐谥号"庄"，同时追赠太常，又后被追赠司空，晋封安乐亭侯，也算是风光大葬了。

作为朝臣，索靖一生兢兢业业；作为名将，索靖一生立下了赫赫战功；而作为大书法家，索靖亦给后人留下了许多精彩的作品，如著名的《月仪帖》《出师颂》《急就章》等。

他的书法作品，可不只是简单的好，而是非常难得的上乘作品。他的字古朴犹如汉隶，转折又似今草，气势十分雄厚，也浓淡得宜、内涵深远，从古至今受到了无数书法爱好者的一致好评。

比如，梁武帝萧衍就评价索靖的书法遒劲处如“飘风忽举，鸷鸟乍飞”，险峻处如“雪岭孤松，冰河危石”。唐代张怀瓘也在《书断》中称：“索靖乃越制特立，风神凛然，其雄勇过之也。”当时和索靖同在尚书台任职、与索靖一起被时人称为“一台二妙”的卫瓘，人们评二人书法为：“瓘得伯英（张芝）筋，靖得伯英肉。”

此外，索靖还曾经写过一本《草书状》，全面而精辟地对书法的风格、演变、用笔、气韵及章法等进行了阐述，书中很多观点至今都具有很强的指导意义。

索靖所生活的地方在敦煌，他也是目前所知道的最早与莫高窟佛教遗迹有关的人物。自从他在莫高窟题“鸟虫体”书法以后，莫高窟才开始成为当地文人雅士挥毫泼墨的热门景点。

索靖能够以一个将军名臣的身份，为中国的书法文化建立一座难以逾越的高山，着实令人仰望钦佩。

4

老和尚做谋士，成为明成祖的神助攻

一面佛心，一面杀心；半盏青灯，一身谋略。

他是中国历史上最神秘的“黑衣宰相”，以和尚的身份帮助明成祖朱棣成功“造反”，夺得了江山，他的名字叫作姚广孝。

顺帝至元元年（1335年），姚广孝出生于江苏长洲。据说，他从小就十分聪颖，很是好学，诗词书画无一不通。到十四岁的时候，姚广孝便早早看破红尘，剃度出家了，法名道衍。

不过，研习佛学没多久，热爱学习的姚广孝又以僧人的身份拜了当时的一个道士为师。这位道士名叫席应真，他似乎一点儿都不介意姚广孝的僧人身份，把自己的一身阴阳术数的本事悉数教给了姚广孝。

有一年，姚广孝因故到嵩山寺游历，偶遇了著名的相士袁珙。袁珙观其面相，对他说：“你的长相可真是奇特啊！明明是一位僧人，却偏偏长了一双三角眼，远远看去就跟生病的老虎一般，这样的面相注定是爱好杀戮的，恐怕你以后将成为与刘秉忠一样的人啊！”

刘秉忠是著名的政治家，元代的开国元勋之一。听到袁珙这样评价自己，姚广孝十分开心。

他潜心研究历史，儒、释、道三学并举，这么努力，为的到底是什么呢？

袁珙点出了他的野心和欲望。

姚广孝要的可不是普通的功名利禄，他读了那么多历史及其他方面的书籍，唯一的想法就是要实践自己阅读理解得来的经验和思考，但这些经验和思考，非等闲人、等闲事可以适之。说得直白一些，他要成就的不凡，似乎只能靠造反来完成。

在古代，造反这种事，成功了就是千秋伟业，失败了就是千古罪人。所以，姚广孝也不傻，他在静静地等待那个合适的时机。

不过，他这一等，就等了将近三十年。

谯橹年来战血干，烟花犹自半凋残。
五州山近朝云乱，万岁楼空夜月寒。
江水无潮通铁瓮，野田有路到金坛。
萧梁事业今何在？北固青青客倦看。

他在丹徒北固山留下的诗作，被同行的僧人批评，说这不是佛家弟子该说的话，可他也只是笑了笑，并没有反驳或应答。他对自己太过了解，凡人的言语在他听来都是耳边风罢了。

他等啊等，终于，洪武十五年（1382年），马皇后去世，已经五十七岁的姚广孝被推举到京城，以高僧的身份为马皇后做法事。

就是这一次，他终于接近了那个人——明成祖朱棣。

他曾对朱棣说："燕王若是肯用贫僧，贫僧必送王一顶白帽子。"

王的头上戴一顶白帽子，那不就是皇帝吗？

朱棣骇然，立刻斥责姚广孝不要胡言乱语。

但姚广孝知道自己不会看错，果不其然，表面上斥责姚广孝之后，朱棣便暗中将姚广孝调到了北平，并允许姚广孝自由出入燕王府邸。两个人暗中密谈，一来二去，朱棣竟将姚广孝视为知己。

洪武三十一年（1398年），明太祖朱元璋驾崩了，皇位落到了他的孙子朱允炆的手里，朱允炆称帝，史称建文帝。

建文帝上台后，第一件事就是削藩。周王、齐王、湘王、岷王、代王等陆续被废除了藩国，其他藩王包括朱棣在内，也都岌岌可危。

姚广孝知道，机会来了。他暗中会见朱棣，力劝朱棣起兵。

那一天，正是寒冬。朱棣听了姚广孝的建议，内心十分犹豫。他顺势推开了窗子，感叹着说："天寒地冻，真是水无一点不成冰啊。"

姚广孝却回答："乱世民贫的时刻，王不出头，还要谁来做主呢？"

"可老百姓都支持朝廷那边啊……"

"臣只知道天道，不论民心。"

也不知道两个人一起辩论了多久，总之姚广孝凭借着自己大半辈子积累的各类理论知识，最终说服了朱棣。

在姚广孝的出谋划策下，朱棣暗中拉拢了军官，还广纳勇士，在自己的府邸后院铸造兵器、大练兵马，甚至还特意修建了厚墙环绕的地穴，买了一大群家禽来掩盖练兵的声响。

建文元年（1399年）的夏天，朱棣府内的一个护卫反叛，告发朱棣暗中谋反，朝廷便下令逮捕燕王府一干人等。还好都指挥张信暗中给朱棣通风报信，朱棣知道后，便立刻行动，赶在朝廷的军队来到之前起兵了。

因为是临时起兵，再加上当天突然风雨交加，屋檐上的瓦都落在了地上，朱棣的脸色都变了。就在这个时候，姚广孝作为造反的积极推动者和总策划师，看到这个景象，不但没有慌张，反而对朱棣说这正是“飞龙在天、风雨相随”的好兆头啊。一顿忽悠下来，军心稳了，朱棣的心也稳了。姚广孝的本事，真是没有白学。

于是，朱棣信心满满地奉天靖难去了，姚广孝则留守在北平，辅佐世子朱高炽，给朱棣看家。

到了十月，趁着朱棣率领燕军攻击大宁（也就是今天的内蒙古宁城地区）的时候，朝廷军来到北平准备偷袭。姚广孝淡定指挥士兵守城，到了晚上，再偷偷将士兵用绳子吊出城，和朱棣的援军对朝廷军进行腹背夹击，最终击退了朝廷军。

后来，朱棣在济南破城时陷入僵局，姚广孝一路跟进战况，建议朱棣暂时退兵进行调整。但聊城战败后，朱棣又一次退军，准备再次进行休整，姚广孝却敏锐地力谏朱棣干脆绕过济南，采取“大迂回、大纵深、大包围”的策略，直捣黄龙，占领南京。

这是一个十分冒险、十分需要智慧和勇气的战略，所以，姚广孝敢撺掇朱棣起兵，的确也是在能力上做好了充分的准备。

造反成功以后，对姚广孝这位开国大功臣，朱棣不但赐予他官职，拜为左善世，还下令允许他蓄发还俗，广赐金银、府邸和美女。但聪明如姚广孝，依然居住在寺庙里面，白天正常穿着朝服去上班，晚上就回到寺庙，换回僧衣，青灯古佛，既没有还俗，又没有接受金银、府邸和美女，他要的，或许就是这样能够让他实现抱负的工作。除此之外，他倒真如佛家弟子一般，别无所求了。

永乐十六年（1418年），姚广孝病逝，终年八十四岁。朱棣辍朝两日，加以追赠，谥恭靖。洪熙元年（1425年），朱高炽为其加封少师，配享成祖庙庭。要知道，明朝初期，能够以文臣的身份位列太庙的，只有姚广孝一人。

他的一生，以天地为棋局，以众生为棋子，后人将其称为“妖僧”，实在也不奇怪。

无所不通，多智近妖，这样的一个老和尚，实在是充满了神秘和戏剧性。

或许正因为这样，再加上后人对他撺掇朱棣造反、陷百姓于战火的行为不满，他很少被后世宣扬，久而久之，也就更加神秘，反而不如诸葛亮、刘伯温等有知名度了。

5

主业挣钱不够花，副业稿酬拿到手软

如果主业赚钱不够多，你会选择搞副业，挣一些外快吗？如果可以，你会选择做哪种副业呢？

其实，“副业”这个词虽然是近现代社会的产物，但这件事儿，古人很早就在做了，甚至有些人副业搞得好的，会比主业还赚钱。

说起来，古人能做的副业可太多了，但说到赚钱，还属写稿子。在古代，有时候只要你笔杆子好，有写作才华，根本不需要发愁挣钱的事。比如，汉朝的司马相如就是一个典型的例子。

司马相如，四川成都人，原名司马长卿，据说是因为仰慕战国时期的蔺相如，才改了名字。少年时期的司马相如，不仅喜欢读书，还喜欢练剑，可以说是个文武双全的帅哥。

二十多岁以后，司马相如觉得自己不能再家徒四壁、浪荡下去了，得考个小官当当，好歹也能体面地养活自己。好在那时候允许买官，司马相如便咬咬牙，用钱换了一个职位。

这个职位就是在汉景帝的身边做武骑常侍，也就是跟着皇帝驾车游猎，射杀猛兽。虽然说这个职位靠近领导，如果表现好还是有很大的晋升机会的，但问题在于，在晋升以前，基本工资太低了，对急需经济支援的青年来说，实在不是很友好。

主业工资不丰，工作内容又不是自己真正喜欢的，司马相如想来想去，决定还是要发挥自己的长处，赚点儿外快。

不久，梁孝王刘武来朝。在此期间，司马相如因为善于写赋，不仅结交了庄忌、枚乘和邹阳等当时著名的辞赋家，还发挥才能，动笔为刘武写下了一篇《子虚赋》。

这一篇赋，以虚构的楚国之子虚先生出使齐国，双方各自吹嘘自己国家的强大和物产丰富的故事，通过极度的夸张和瑰丽丰富的辞藻，彰显了汉王朝的雄伟和强大，也充分显示了司马相如的写作实力。

自此，司马相如在文坛的地位直线飙升，花重金请他写文作赋的人也越来越多。

又过了一段时间，汉景帝去世，新登基的是雄才大略的汉武帝刘彻。最重要的是，刘彻可比汉景帝更懂得辞赋，而且对司马相如的《子虚赋》很是赞赏。据说，当刘彻读到《子虚赋》的时候，他喜欢到连连感叹："唉，多么好的作品啊，只可惜作者是古人，我无法和他在同一个时代畅聊。"听了刘彻的话，正在他身边侍奉他的狗监（汉代官职名称，主要工作内容是负责管理皇帝的猎犬）杨得意知道表现的机会来了，于是立刻提醒汉武帝："陛下，这篇赋的作者就是我的四川老乡司马相如啊，他不是古人，而是正值青壮年，活蹦乱跳呢。”

于是，刘彻大喜，立刻宣司马相如进京，而司马相如也非常自信，在刘彻当面赞扬和讨论他的《子虚赋》时，直接摆摆手说：“陛下，我的《子虚赋》写的无非是一些诸侯打猎的事情，其实算不得最上乘的作品，您等我几天，我再专门也写一篇。”

写稿子写到为读者量身定制，司马相如真的有一手。

果不其然，几天后，司马相如就献上了一篇更有文采的《上林赋》。这一篇还是假托了“子虚”先生、“乌有”先生和“无是公”，相当于《子虚赋》的姊妹篇，内容上做到了相互衔接。文章通篇用问答的形式，凸显了反对帝王奢侈浪费、维护国家统一的宏大主旨，既对帝国的统一进行了歌颂，又对统治者进行了讽谏，而且词汇更加丰富，在描写上更加淋漓尽致。因此，刘彻读了以后开心极了，直接就给了司马相如一个新工作——郎。

这两篇赋以后，司马相如在汉代辞坛的地位便基本得到了巩固，愿意花钱请他写东西的人的身份也越来越高，当然，稿酬也是越来越多。其中，最出名的，就要属阿娇千金买赋的故事了。

阿娇，也就是刘彻的姑母馆陶公主的女儿。小时候，阿娇因为长得美丽，而且活泼可爱，所以很受家里人的宠爱。刘彻四岁那年，太子是刘彻的哥哥刘荣。当时汉景帝的姐姐长公主有意将阿娇许配给太子刘荣，却不料遭到了刘荣的母亲栗姬的反对。被泼了冷水的长公主一生气，就把目光转向了刘彻。

当时，刘彻到长公主府上去玩儿，长公主见刘彻聪明伶俐，就把刘彻抱到自己的膝盖上逗他说：“彻儿啊，你想不想要媳妇？”说完，也不等刘彻回答，直接指着自己身边的一个侍女说，“那，你看她，她怎么样？当你媳妇你要不要？”

刘彻聪明啊，直接摇了摇头。长公主却还不放弃，干脆把自己身边伺候的女子都喊了过来，一个一个指给刘彻看，但刘彻都不要。直到长公主最后把手指向了阿娇，刘彻才高高兴兴地回答说：“姑姑，如果彻儿能够娶到阿娇姐姐做媳妇，那我一定要建造一座最好看的金屋给她住。”

长公主很满意，而汉景帝也没有反对，于是，刘彻得到了这门亲事，凭借长公主的大力支持，终于坐上了皇帝的位置，阿娇也顺利成为皇后。

“金屋藏娇”本该是一段佳话，然而，谁也没有想到，住进金屋的阿娇却并不幸福。当然，这里既有刘彻的原因，又有阿娇自恃有恩于刘彻，骄横擅宠的原因。总之，阿娇成为皇后以后，反而渐渐失宠了。为了巩固后位，她有意想要怀上皇子，以换回刘彻的宠爱，但又选错了方法。堂堂一国皇后，竟然学习媚术，还制造巫蛊诅咒其他妃嫔，最后彻底激怒了刘彻，把她幽禁在长门宫。

司马相如写稿子出名以后，阿娇见他这么有文采，又深得刘彻欣赏，于是不惜出黄金千两，只求司马相如为她写一篇赋，帮助她挽回皇帝的心。

重金之下，司马相如也不推辞，直接写了一篇著名的《长门赋》献给了阿娇。于是，神奇的事情发生了，汉武帝读了《长门赋》以后，当真想起了和阿娇的少年情分，阿娇也就顺利地和刘彻复合了。（据《长安赋》序，汉武帝读罢此赋，陈皇后遂复得宠。但据史实而言，史书并无此事的记载。）

你看，文字的力量是多么强大，有文采的人是真的能超级变现啊！

第四章

谁的职场都不容易

1

某宰相写了一百二十多封辞职信，皇帝始终都没批

在我国古代，宰相可以说是“一人之下，万人之上”，能够跻身权力中心，成为内阁首辅，是古代所有官员的奋斗目标。然而，在明朝的时候，却有一位宰相拼了命想要辞职，却又屡屡被皇帝驳回，这是什么情况呢？

这位不走寻常路的宰相名叫李廷机，字尔张，号九我。虽然原生家庭比较贫困，奈何李廷机是个学霸，从小就热爱学习，而且十分擅长考试，只要是考试，就没有他李廷机不过的。这不，到了万历十一年（1583年），全国大考，李廷机毫无悬念地高中榜眼。

不过，这里还有一件怪事。本来，以李廷机的实力，他应该是状元才对，可惜主考官不知道为什么（可能是看脸吧），就是觉得李廷机没有状元的样子，愣是将状元的宝座给了别人，靠实力上位的李廷机只好屈居第二。

虽然在科举考试中受到了不公正的待遇，但李廷机并没有因此

而消沉，相反，入朝为官后，他始终保持廉洁清正的作风，再加上勤政爱民，所以口碑一直很好。

起初，他在南京任职，其间对当地各种乱收费的现象予以了严厉的打击，并且积极鼓励经商，极大地振兴了当地的商品经济。后来，他负责浙江的会试时，又严格正风肃纪，揪出了一大批妄想考试作弊的人，为国家实实在在选拔了一大批高素质人才。他被调回中央主管礼部后，还想尽各种办法为部下谋福利，将部门每年省下的经费都拿去给部下买房子，解决他们的后顾之忧，以此来鼓励部下认真工作、廉洁奉公。

不仅如此，作为官员，李廷机始终不忘初心，一直保持着自己善良的品格。只要在街上碰到了乞讨的人，李廷机都会布施，以至于一些被惯坏了的乞讨者开始在李廷机经常出现的地方蹲点，只要李廷机一出现，他们就成群结队地迎上去向李廷机要钱。

除此之外，李廷机对国家的公共设施也十分爱护，无论是考场还是寺庙，公署还是街道，只要他发现有破旧坍塌，就会积极张罗财政拨款用于修缮。

或许，正是李廷机这份异于常人的精神感动了皇帝。万历三十五年（1607年），李廷机又被提拔，直接进入了内阁，成了名副其实的宰相。

照理说，能够升任官员的最高职位，李廷机应该高兴才对，然而，不入内阁不知道，一入内阁吓一跳。偌大的明王朝，中央九部全部官员按编制应该有三十一个人，但实际情况却是职位空缺高达二十四人，而且这还没有算下面干杂活的小科员们。

这是什么概念呢？整个明朝中央集团，包括内阁，都是在拿一个人当五六个人使唤，实在是有点儿惨。

而且，工作累、工资不到位也就算了，最令李廷机头疼的是，当时的东林党势力日益强大，这帮人看李廷机不顺眼，一心想把李廷机拉下马，把自己的人顶上去。为了达到这个目的，这帮人三天两头给万历皇帝递折子，给李廷机泼脏水。李廷机是个大善人，脸皮薄，累死累活干了几个月以后，实在顶不住这帮人的折腾，想来想去，还是决定三十六计——走为上策。

如果李廷机面对的是其他的皇帝，这个脚底抹油的想法或许早就实现了，但偏偏李廷机比较倒霉，因为他的主子万历皇帝有个致命的缺点：懒。

懒到什么程度呢？据说，这位明神宗万历皇帝从万历十四年（1586年）开始，就消极怠工了。三十年如一日，这位皇帝就是躲在紫禁城里“日夜纵饮作乐”，其他事情则一概不理。对于朝政事务，一开始，这位皇帝还能批复一下，到了后来，就完全放在一边了。无论手下的人怎么恳求、抱怨、造谣甚至谩骂，这位皇帝就是铁了心地继续罢工。

古代毕竟是君君臣臣的社会，主子不想干活，大臣们再怎么着急也没有用，还得继续干，替主子操心和卖命。

面对这位万历皇帝，李廷机不是没有心理准备，他想，皇帝这么懒，这辞职信交上去，免不了要拖上一段时间，所以交一份肯定不够。为了实现早日辞职的梦想，李廷机干脆一鼓作气写了五封辞职信交了上去，他想，这下总可以了吧。

可是，李廷机左等右等，始终都没有等到皇帝同意的批复，没办法，李廷机只好忍着一肚子气，又写了五封交上去，但令李廷机生气的是，万历皇帝就是不理他。

这下，大好人李廷机也彻底火了：还让不让老李我活了？！

十封辞职信不起作用，干脆写上他五十封。李廷机心想：量变引起质变，我就不信皇帝丝毫无动于衷。而皇帝的应对就是"屡诏勉留"，还派鸿胪寺官员来催他上班。李廷机"坚卧不起"。

为了让皇帝看到自己辞职的决心，一年后李廷机甚至直接将自己的房子捐给了穷人，打发一家老小先卷铺盖走了，自己则一个人跑到附近的破庙里凑合度日，坐等皇帝的批复。

李廷机每天雷打不动地给皇帝写辞职信，这一写，就是五年。整整五年，李廷机总共给万历皇帝上了一百二十三封辞职信，可皇帝的批复真的就一条都没有，反而是李廷机因此得了个"庙祝阁老"的绰号。

当第一百二十三封辞职信也终于泥牛入海的时候，李廷机彻底崩溃了。

望着破庙外那凄冷的月光，李廷机做出了一个大胆的决定：皇帝不是不批我的辞呈吗？干脆，我自己开除我自己！

就这样，他向皇帝辞别后出京城等待命令，在同僚的说和下，皇帝终于点头放他归家。

苦写一百二十三封辞职信的李廷机，最终还是靠自己解脱了自己。

不过，因为当官的时候过于清廉和乐善好施，李廷机并没有给自己留下多少家财。回到老家后，李廷机的日子也因此更加贫困潦倒。四年后，他一病不起，与世长辞了。

李廷机死后，多年不肯理政的万历皇帝却是罕见地“勤快”了一回，特意下旨追赠李廷机少保的头衔，并谥号“文节”。

最后，李廷机被葬在了家乡的山顶上，墓碑上刻着三个字：“息我处”。清廉勤政地干了大半辈子，最后留给世间的只有“息我处”这三个字，可见这位宰相内心的疲累。

不过，知我者，谓我心忧，不知我者，谓我何求。无论如何，李廷机坚守了自己一生的理想信念，堪称一代贤相。

2

被调岗的苏轼，走到哪吃到哪

提到苏轼，最广为人知的就是他的诗词、他的能干以及他的豁达，但其实，他还是个不折不扣的吃货。在他那长达半生的贬谪生涯里，支持他生活下去的，除了信仰，还有各种美食。

当然，喜欢吃，也是一种信仰。

他一生走过两百多个城市，走到哪就吃到哪，活脱脱一个古代旅行美食家，而说起他吃过的美食，那可就太多了。

先说最著名的东坡肉吧。其实，北宋时期人们更喜爱吃羊肉，反倒是现在普遍可见的猪肉不受待见。被贬谪到黄州时，苏轼过得穷啊，吃不起羊肉，但又馋怎么办呢？只能吃猪肉喽。

不过，一个合格的吃货不仅要爱吃，还要会吃。苏轼就是这样。为了能把猪肉吃出幸福的滋味，他费尽脑汁、亲自研究，终于烹饪出了猪肉最好吃的做法。而且，有了经验以后，苏轼还很乐于分享，他将自己烹饪猪肉的做法写成了一首《食猪肉诗》：

黄州好猪肉，价贱如粪土。富者不肯吃，贫者不解煮。慢著火，少著水，火候足时他自美。每日起来打一碗，饱得自家君莫管。

这便是东坡肉的由来。

后来，苏轼在杭州时，官民同心抗击洪水，成功后，百姓自发给苏轼送去了猪肉，苏轼亲自烹制好以后又回馈给了百姓，一时传为佳话，东坡肉也就越来越有名了。

除了东坡肉以外，苏轼其实还很会吃羊肉。被贬到惠州以后，他更穷了，就连猪肉都买不起了。没办法，苏轼就把目光投向了没人要的羊脊骨。

苏轼把羊脊骨研究了半天，自创了新的菜式——烤羊脊骨，将在骨间挑取碎肉食之的乐趣发挥到了极致："得微肉于牙綮间，如食蟹螯。"

并且，苏轼还很幽默、自嘲地将这道菜命名为"狗不悦"，因为他"用此法则众狗不悦矣"（骨头吃得太干净了，连狗都不乐意了）。后来，这道菜经过不断传承演变，就成了今天我们吃的羊蝎子。

在惠州，除了羊脊骨，苏轼的快乐还来自一种美味的水果——荔枝：

罗浮山下四时春，卢橘杨梅次第新。

日啖荔枝三百颗，不辞长作岭南人。

再后来，他一把年纪了，还被奸臣远放到了儋州。

在那个时候，儋州是真正意义上的蛮夷之地，物资更是匮乏。但苏轼知道，他别无他法，只能继续保持乐观、热爱生活的天性，坚强地走下去。

当地人没什么文化，他也不在意，逢人就聊天，也不管他们听不听得懂、爱不爱听。有一次，他在海边捡石头，发现了一道海鲜美味——生蚝，于是高高兴兴地捞回去炭烤、煮酒，心情立刻大好。

“肉与浆入水，与酒并煮，食之甚美。”

果然，没有什么烦恼是一顿美食解决不了的，如果有，那就吃两顿。

不过，苏轼并不是因为被贬才被迫变成了吃货，而是他原本就是个吃货，才用吃货的方式扛住了被贬的岁月，活出了自己的人生特色。

早在乌台诗案以前，苏轼在陕西凤翔府当签书判官的时候，就因为好吃而发明过一道东坡凉粉。

那时，苏轼在凤翔的东湖避暑，因为天气炎热，他就特别想要吃一些清凉爽口的食物，想来想去，他突然有了好主意。

他命下人找来了一些小扁豆，然后研磨成细细的粉，再煮成糊状放进石器皿里，待其冷却凝固以后，就倒出来切成条状，拌上一些盐、醋、辣椒之类的佐料，一道口感爽滑、清凉解暑的东坡凉粉就做出来了，而且流传至今。

上可品玉盘珍馐，下可尝馒头豆粥。口中吃世间美食，无一个不好吃。

比如，在世人眼里国色天香、雍容华贵的牡丹花，到了苏轼那里，就变成了："霏霏雨露作清妍，烁烁明灯照欲然。明日春阴花未老，故应未忍着酥煎。"

这雨中的牡丹花可真好看，可明天就是春寒了，它们应该不会凋零得那么快吧？好想把它们拿来炸着吃了，可苏轼我到底还是有点儿不忍心。

什么？炸牡丹花吃？

是的，就是炸牡丹花。他在《雨中看牡丹三首》说："未忍污泥沙，牛酥煎落蕊。"

哎呀，就算我不吃，回头牡丹凋谢了，还是要零落成泥的，不如还是让苏轼我煎着吃了的好，用牛酥煎牡丹可好吃了呢。

这里的"牛酥"也就是用牛奶做成的一种乳制品，这在当时的北宋可是高级食物，可见，苏轼不仅很爱吃，而且还会吃得既美味又雅致。

不过，能吃、会吃这些都算不得什么，在顶级的吃货眼里，敢吃才是第一位的。

只要好吃，就是毒药也甘之如饴。

不好意思，苏轼就是这种顶级吃货，因为他最爱吃的还有一种非常危险的食物——河豚。有诗为证：

竹外桃花三两枝，春江水暖鸭先知。

蒌蒿满地芦芽短，正是河豚欲上时。

苏轼不知道河豚有剧毒吗？

他当然知道，只是，河豚实在是太好吃了，所以他连大诗人的架子也不要了，直接回复说：“值得一死。”

这么好吃的东西，只要能吃上一口，就是死了也值了。

不过，说归说，大聪明苏轼才不会真的为了一口吃的就去死呢，世界上好吃的那么多，他要好好活着，吃更多的美食。

因为，那个时候人们已经开始研究怎么解河豚的毒了，答案也就在苏轼的诗里——蒌蒿和芦笋。另外，菘菜也是不错的选择。

这三样菜和河豚一起，不仅可以解毒，还能增加河豚的鲜美，真是妙极。

苏轼，真是会吃。

对于自己的一生，苏轼曾经这样总结：“问汝平生功业，黄州惠州儋州。”

在最低谷的境遇里，用最贫瘠的土壤，创造最美味的食物，过最幸福的生活，这就是苏轼的人生态度，也是他作为一个美食家给我们上的最有意义的一课。

3

在朱元璋手下做事真的很辛苦

在我国古代，当官一直是读书人乃至一个家庭的终极梦想，因为只要家里有读书人当上官，这个家庭就有了稳定的经济收入来源。不过，凡事总有特例，在明朝朱元璋的时代，当官不但养不起家，甚至还会时刻面临掉脑袋的风险，要多悲催就有多悲催，这又是为什么呢？

稍微了解历史的人都知道，朱元璋在成为开国皇帝以前，只是一个乞丐，家里人除了他，几乎都被饿死了，以至于他小小年纪只能四处流浪。或许正是因为这样的经历，使得朱元璋对官僚阶级的腐败、懈怠和不堪深恶痛绝，大明建立以后立志改革，想要好好整顿一下这帮官员。

所以，那个时候，在朱元璋手下当官的人，没一个不辛苦的。

首先就是作息时间。朱元璋生怕成为一个昏君，所以对自己要求非常严格，说他是历史上最勤政的皇帝之一也不为过。

皇帝都这么勤快，那手下的官员还能好过吗？果然，朱元璋明确规定，官员们一年只有三天可以休息，就是冬至、过年以及朱元璋的生日。要知道，在明朝以前，官员们不是做五休一就是做十休一，而且每年还有各种节假日。相较之下，朱元璋时期的大臣们有多累，可想而知。

不仅如此，每天凌晨三点多，天还黑着呢，朱元璋手下的官员们就必须早早爬起来收拾自己，赶在五点前到午门外集合准备早朝。在等待期间，还不能交头接耳、举止轻浮，否则，就有可能被一旁盯着的御史们记下来，作为他们向皇帝弹劾的材料。

工作时间赶超“996”，那朱元璋手下的官员是不是工资待遇十分优厚呢？

恰恰相反。在朱元璋看来，官员的工资只要能够维持其温饱就够了，所以，经过他的深思熟虑，朱元璋将官员每月的俸禄标准制定为：正一品九百石，从一品七百五十石，然后根据官职品阶的高低而依次递减，最低的九品则为五十石。

不过，这套俸禄标准还没有执行多久，为了进一步防止官员贪污腐败，朱元璋又对其进行了反复的修改，到了洪武二十九年（1396年）的时候，俸禄标准才稳定为：正一品官员每月八十七石，从一品七十四石，而后依次递减，从九品则变成了五石。

可见，从明朝初年到洪武二十九年，官员的俸禄直接变成了原来的十分之一都不到。

不过，即便如此，如果将这套俸禄标准换算成现在的人民币的话，大约相当于一品大员每月工资一万一千元左右，这样看来，似乎也不是很低。

然而，朱元璋手下的官员真的能够拿到这实打实的一万多块钱吗？

非也。托朱元璋的福，他手下官员的工资会有将近一半都拿不到手，而是被兑换成等价（有时候也并不等价）的布匹、丝绢等，也就是说，即便是一品大员，每个月的实发工资也就是五千元左右，至于品级低下的九品芝麻官，工资就更不用说了。

在这样的工资制度之下，官员们别说买房，能吃饱饭、养家糊口就已经很不错了。

据说，洪武初年的时候，一向以清正廉洁著名的弘文馆大学士罗复仁做官多年，还是因为收入少而买不起房，只能住在郊外的一间破房子里。有一次，朱元璋来到罗复仁的住处，只见残砖破瓦中，一个老者在独自刷墙，待转过身来，朱元璋才发现这老者就是罗复仁。眼见朝廷大官居然过得这样惨，朱元璋这才过意不去，回去后就赏赐了一座宅邸给罗复仁。不过，其他官员的穷日子是怎么解决的，就不得而知了。

你以为工作累、工资少，这就够惨了吗？

在朱元璋时代当官，最惨的还是随时都会掉脑袋。

对于满朝文武百官，朱元璋可以说是充满了猜忌和不信任。他敏感到什么程度呢？

浙江府学教授林元亮写了一篇《谢增俸表》，因为里面有一句“作则垂宪”，而朱元璋认为“则”同“贼”是一个音，于是把林元亮斩了。

无独有偶，德安府学训导吴宪写《贺立太孙表》，朱元璋认为里面“天下有道”一句，“道”和“盗”同音，不高兴，吴宪也被斩了。

他去某个寺庙游玩，见到寺庙的墙壁上写了两句诗：“毕竟有收还有散，放宽些子也何妨。”于是，敏感的神经再次被刺激，暴怒之下，整个寺庙的僧人没一个活下来。

有时候，即便小命保住了，朱元璋手下的官员们也不敢大意，因为这位开国皇帝不仅会杀人，还喜欢打屁股。

所谓打屁股，也就是廷杖。凡是让朱元璋看着不爽的，一律拉出去打板子。

据说，当时有一个官员，为了显示自己的学问，给朱元璋上折子，全篇一万七千字，开头全是各种旁征博引的废话。朱元璋是泥腿子出身，哪里受得了这套，立刻差人把他拉出去廷杖，直到这人都快不行了，朱元璋才读到了他写的精华部分，本来想差人收手，但已经无力回天了。

毕竟，那时候的板子也是要死人的。

那么问题来了，既然在朱元璋手下当官这么憋屈，又穷又累还整天提心吊胆、危险系数极高，是不是不当官就可以了呢？

哎，朱元璋说了：“想得美！”

居然不想给他打工？那就去死吧。

根据朱元璋《御制大诰三编》记载，当时儒士夏伯启叔侄两人自断手指成为残疾人，就为了不要做官的资格。朱元璋知道后，直接把两人抓到了京城，当面怒斥说：“你的身体是你的爹妈给的，但你能够活到今天，全部都是仰赖君王的保护和恩惠，可如今你居然剁了手指不愿意为我所用，又胆小怯懦不能学伯齐、叔夷直接饿死了之。既不报效君王，还想过以教学为生、百事无忧的好日子，你们凭什么？”

说完，朱元璋也不听二人辩驳，直接将其斩首，以儆效尤。

或许，朱元璋的初心是好的，但他与满朝官员为敌，折腾来折腾去，官员们日子既然过得不好，久而久之，自然也就不愿再接受桎梏。偌大的明王朝，立国初期就隐患重重。

4

南汉官员奇葩入职流程：先净身，再入职

有句话叫作："宁为太平犬，不做离乱人。"为什么？因为在大混乱的时代里，人的生命一点保障都没有，而且什么荒唐的事情都有可能发生。比如，我们翻开历史书，就会发现在五代十国时期，竟有这样一个太监王朝——南汉。

说起来，南汉存在的时间还不短。

当时，中原的五个正统王朝也不过存在了五十三年，而南汉却存在了五十四年。这样的一个王朝，其实力应该是不弱的吧？然而事实并非如此。

它之所以存在那么久，并不是因为其国主有多么能干开明，国家制度有多么完善，纯粹是因为其地处偏僻，远在当时的岭南地区，和中原相隔甚远，这才让它在战火纷飞的时代里安然度过了五十多年。

可是，这五十多年的时间里，这个国家的统治就没有一天是正常的，其历任国主之残忍、荒唐，可以说是登峰造极，没有哪个王

朝能出其右。

它的真正开国者是刘隐。那时还是唐朝末年，刘隐在广州当牙将，因为清海军节度使去世，唐王朝派来的新任节度使李知柔不受欢迎，其他牙将便趁机作乱，还想要拉拢刘隐，但没承想反而被刘隐利用，成了其平定叛乱、青云直上的垫脚石。

自此，刘隐稳扎稳打，终于在朱温的推荐下成为清海军节度使。在后梁建立后，刘隐更是奉后梁为主，趁机拿下了镇海军节度使的职务，在广州彻底站稳了脚跟。

不过，刘隐的运气也就到此为止了，很快，刘隐去世，广州的基业被交到了他的弟弟刘龑手上。

一开始，刘龑还是很不错的，他凭借哥哥刘隐打下的基础，在公元917年正式建立了南汉王朝，登基称帝。为了巩固统治、拉拢人心，他采取了士人治州县的统治方略，还积极举行科举考试，选拔优秀人才，这在当时武人执政、血腥暴虐的五代十国，无疑是一股清流。

不过，这股清流并没能维持太久。到了执政后期，刘龑贪婪嗜杀的秉性就开始暴露无遗。他开始推行各种各样残酷的刑罚，如肢解、刀锯、截舌、炮烙、灌鼻和刳剔等，而且乐在其中。

不仅如此，因为广州一带海上贸易发达，他甚至专门建立了一支特种海盗部队，在不打仗的时候为他抢劫、搜刮各种奇珍异宝以及大量的钱财。

刘龑死后，他的三子刘玢继位。

这个皇帝虽然在皇位上只待了十五个月就被他的弟弟刘晟给杀

了，但这十五个月里，他所干的荒唐事却一件不少。

刘䶮还没有下葬，刘玢就开始沉迷声色犬马、饮酒作乐了。他还有一个十分变态的癖好，喜欢让一群男男女女都脱光了衣服供他“观赏”，到了夜间，还喜欢和娼妇待在一起。

不过，虽然私生活荒淫无度，刘玢并没有忘记提防他的弟弟们。每逢宴会，他的弟弟们必须进宫的时候，刘玢就派宦官们守在门口，对每一个人都进行搜身，而且是脱掉全部的衣服一点点搜，很是侮辱人。

但就是这样，他也没能防住他的弟弟刘晟。为了对付刘玢，刘晟专门指挥手下找了五个大力士，日日训练手搏，还故意放出消息让刘玢知道。刘玢喜欢看手搏，就让刘晟将这些大力士带到宴会上为他表演。结果可想而知，手搏没看着，刘玢就被刘晟借这几个大力士的手杀了。

于是，刘晟就成为南汉的第三位皇帝。他残忍好杀，一点儿不比刘䶮差。

他不仅结果了在位的刘玢，还铲草除根，把其他对自己构成威胁的十四个弟弟也杀了个精光，就连为他做事的大力士也被他杀了，他的手下陈道庠还被诛了九族。

刘晟对自己的亲信和弟弟都尚且如此，对百姓和其他官员就更不用说了。整个南汉王朝都充斥着严刑峻法，朝廷上下一片乌烟瘴气。

而且，也是从刘晟开始，南汉王朝就展现出了对宦官的极大信任。因为在刘晟看来，宦官无子无女无欲，唯有忠君之念。

或许是纵欲过度，还不到四十岁，刘晟便一命呜呼了。接任他位子的，是他的儿子刘𬬮。

受自己父亲的影响，刘𬬮对宦官和女人更加信任，甚至直接发布了一道荒唐的命令：凡是入朝为仕者，都必须净身，以确保对皇帝的绝对忠诚。

对此，《通鉴纪事本末·刘氏据广州》是这样记载的：

> 凡群臣有才能及进士状头或僧道可与谈者，皆先下蚕室（阉割、宫刑处），然后得进，亦有自宫以求进者，亦有免死而宫者，由是宦者近二万人。贵显用事之人，大抵皆宦者也。

小小的南汉，被阉割者竟然高达两万人！以至于到了后期，满朝官员尽是太监，就连领兵打仗的武将都没能逃过此劫。

不过，阉割之法虽然荒唐无道，但也不是人人都反对，甚至，富贵迷人眼，一些官员见阉割可以取得皇帝的信任，飞黄腾达，还会主动要求阉割，丝毫不反抗。

刘𬬮作为皇帝，将国事政事一律交给了宦官和女巫，自己则整天躲在后宫里，宠幸自己的“媚猪”（刘𬬮的一位妃子，是阿拉伯人，因为又黑又胖而得名）。

多行不义必自毙。开宝三年（970年），北宋终于腾出手来收拾南汉，这个荒唐的王朝几乎没有抵抗之力，被宋军轻易攻破了。

据说，刘𬬮原本准备了十几艘大船来装他的宝贝和妃嫔，但没想到他眼中最忠心的宦官居然偷走了大船，扔下他跑了，刘𬬮别无他法，只能举白旗投降了。他并无任何愧色，反而和南陈后主一样被俘虏了依然没心没肺、乐不思蜀，真是荒唐无耻到了极致。

南汉五十多年，妄想靠太监治国，最后却被太监出卖，就连王宫都被太监们烧成了白地，真是令人唏嘘。

5

明朝最强考生，回回考试第一，却被官方除名

在我国古代，金榜题名是无数学子的梦想，而“三元及第”（指在乡试、会试和殿试中均获得第一名）更是古代读书人的至高荣誉，更有“三元天下有，六首世间无”之说。所谓“六首”就是除了乡试、会试和殿试外，就连县考、府考、院考也都是第一，而能够创造如此辉煌战绩的，据说历史上仅有两人：一个是清代的状元钱棨，另一个就是明朝科场奇才——黄观。

元代至正二十四年（1364年），小黄观出生在南直隶池州府的贵池（今安徽省池州市）。因为家道中落，黄观的父亲入赘许家，所以黄观在出生后至入仕之前，一直是从母姓，叫作许观，字伯澜，又字尚宾。

或许是受了祖上的基因影响，黄观从小就热爱读书，不仅天资聪颖，还勤奋非常。他师从元末大儒、翰林待制黄冔，深受黄冔的青睐，被其寄予厚望。

但天有不测风云，至正二十八年（1368年），明朝的军队涌入都城，元朝对中原的统治正式告终，作为元朝臣子的黄尋长叹："今纵无我戮，何面目见天下士乎？"说完，投井而死。

或许是黄尋的死节行为在小小的黄观心里撒下了一粒叫作忠贞的种子，若干年后，他亦从家乡的江面上一跃而下，以身殉国。那一年，他才三十八岁。

明朝洪武二十三年（1390年），黄观以贡生的身份入了太学，同年在乡试中举，第二年三月中"会元"，四月参加由明太祖朱元璋亲自策问的殿试。

面对雄才大略的朱元璋，黄观不仅没有胆怯，反而抓住机会，极力向朱元璋表达了自己"屯兵塞上，且耕且守，来则拒之，去则防之，则中国无扰，边境无虞"的主张，并因此获得了朱元璋的赞赏，顺利摘取了状元的头衔。自此，第一位"连中六元"的奇才就这样诞生了。

不过，由于年代久远，黄观"连中六元"的说法目前只被当作传闻轶事，并没有明确的资料能够佐证，所以也一直有人对此持怀疑态度。但无论如何，黄观是明朝第一个连中三元的人。

少年得志，靠自己的脑子和努力跻身官场后，黄观更是一路狂飙，仅仅三十二岁就做到了礼部右侍郎。不仅如此，黄观还深受朱元璋的赏识，被朱元璋在临终前郑重推荐给了自己的太孙朱允炆。朱允炆继位，黄观与方孝孺、黄子澄等，都成了建文帝身边离不开的股肱之臣。

可偏偏，朱元璋给自己的太孙留下了一个巨大的隐患——燕王朱棣。

自建文帝开始治国理政，朱棣就一直以皇叔自居，在朝堂上公然拒绝参拜建文帝。这个时候的朱棣权势正盛，满朝文武百官对其行为，明知不妥，却没有一个敢指出来，除了黄观。

其实，从黄观极少数传世的书法作品就可以看出来，黄观是一个十分小心谨慎的人，这也是他仕途亨通的一个重要原因。因为他的字虽然潇洒飘逸、浑然天成，但字号都不是很大，而且潇洒中不失端方。

可为官谨慎不代表可以放弃原则，在大是大非面前，黄观比任何人都要勇敢。

当着朱棣的面，黄观说："虎拜朝天，殿上行君臣之礼；龙颜垂地，宫中叙叔侄之情。"

不仅如此，黄观还暗中给建文帝上了一道奏章，力劝建文帝扣留燕王，以免放虎归山，未来酿成大祸。

黄观的挺身而出和深谋远虑无疑是值得称赞的，但偏偏他面对的是建文帝，一个过于善良的帝王。建文帝没能采纳黄观的建议，而黄观也因此成了朱棣"黑名单"上的一员。

不过，黄观没有在意。他认准的道理，就必须坚持。

在黄观看来，建文帝再优柔寡断，那也是先帝朱元璋亲自点名的接班人、名正言顺的皇帝，而他作为先帝亲自认定的辅政大臣之一，主要任务就是不惜一切保住建文帝的皇位，维护政治稳定。

因此，朱棣再厉害，黄观也必须跟他斗争到底。

不久，朱棣果然以讨伐齐泰和黄子澄为名，在北平起兵。黄观便立刻拟了一份诏令，呵斥其罢兵归藩、束身谢罪，用词极为激烈。而朱棣更是直接将自己的“黑名单”（文职奸臣名录）公之于众，在这份名单里，黄观名列第六。

建文四年（1402年），朱棣终于攻陷南京，但黄观没有放弃，继续在长江上游督促各地赴援。

不知道是朱棣恶意报复还是怎的，他到了南京以后，听闻传国玉玺被藏在了黄观家里，就立刻下令抄没了黄观的家，还将黄观的妻女抓起来，发配给了象奴，以示对黄观的侮辱。

消息传到黄观处时，他所乘坐的船只刚刚行到安庆下游的罗刹矶一带。

他了解妻子，如同了解自己一般。

“吾妻有志节，必死。”果然，黄观的妻子趁着象奴向其索要钗、镯买酒，主动将身上的财物全部交给了象奴，打发其离开后，便领着女儿和一干家属十人，一起跳河自尽了。

听说，全世界的河都是相通的，黄观想，妻子和家人一定会循着河水找到自己，与自己团聚。

他安静地在江上为他们举行了招魂仪式，就当将其安葬在江上。

妻子去世后，很快，黄观又听到了朱棣即位、建文帝崩逝的噩耗。

其实，一切都在意料之中。

只不过，他已经尽力了，黄泉之下，他可以坦然地面对先帝和建文帝，面对妻子和家人，也可以面对自己。

他拿出了自己的朝服，穿戴整齐，在船靠近罗刹矶的时候，纵身一跃，消失在了湍急的江水中。

滚滚长江，却如同什么都没有发生一般，继续或急或缓地流淌着。

黄观走了，但朱棣却依然不肯放过他，他令人扎了一个草人，戴着黄观的帽子，放到大街上斩首示众，还下令屠杀了黄氏家族里的所有男丁。据说，只有黄观的一个小侄子得以幸存，这才保住了贵池黄氏的血脉。

这还不够，朱棣还让人翻出了登科录，划去了黄观的名字，六首传奇黄观就这样被剥夺了状元的名号。

两百年后，黄观的名誉才得以恢复。在他的故乡贵池上清溪，一座“黄公祠”平地而起，县里的状元坊也得到了重建。

斯人已逝，唯有他那端正有节、不畏强权的精神，永远留在了史册上。

6

三国第一“毒舌”，讽刺曹操，羞辱刘表，最终下场悲惨

都说乱世出英雄，但其实也出“毒舌”和奇葩。在三国时期，就有这么一个人，恃才傲物到谁也看不上，见谁喷谁，活脱脱是三国第一“毒舌”，这个人就是祢衡。

祢衡，字正平，山东人。他年纪轻轻就很擅长辩论，而且十分喜欢批评时政。但是，令人难以接受的是，祢衡的性格过于傲慢，似乎除了他自己，别人都是垃圾。

建安初期，祢衡怀揣着一块名刺（也叫“名帖”，古代官员交际时通姓名所用的名片）到许都游学。那时候，许都刚刚建立，全国各地的人才都慕名涌到这里来，希望能够获得一展才能的机会。可祢衡呢？虽然带着名刺，却哪里都没有去，久而久之，就连名刺上的字都看不清了。

这时候，有人就建议祢衡说：“你为什么不去投奔司马朗或者陈群呢？”

祢衡却很生气地回答说：“你竟然要我和宰牲卖酒的人来往吗？”

言外之意，这些人地位不够，不配与他祢衡结交。可见祢衡高傲到了什么程度。

好事者问：“那你觉得荀彧和赵融又怎么样呢？”

祢衡说：“荀彧嘛，可以借他的脸去吊丧，而赵融是个大肚子，可以让他去管理厨房和膳食。”

好事者继续追问：“那照你来看，如今的许都，谁才算得上有才之人呢？”

祢衡回答：“大儿孔文举，小儿杨德祖。其余的人全部都是庸庸碌碌之辈，根本不值得一提。”

也就是说，他祢衡看得上眼的人就两个，一个是鲁国的孔融，另一个就是弘农人杨修。

因为性格傲慢、说话直，对自己看不上的人一句话都不肯说，祢衡的名气反而越来越大，当然，忌恨和讨厌他的人也越来越多。

不过，有一个人却始终力挺祢衡，这个人就是大祢衡二十岁的孔融。他不但非常欣赏祢衡的才华，还多次向曹操推荐祢衡。

在孔融的多次称赞下，曹操终于对祢衡产生了兴趣，想要见祢衡一面，可祢衡呢？

因为厌恶和看不起曹操，祢衡也不顾孔融的面子，直接就自称狂病，拒绝面见曹操，不仅如此，还对曹操多有狂言。

曹操是什么人？被祢衡这么一骂，早就怀恨在心了，但无奈祢衡的名气又很大，曹操为了保持自己“爱才”的人设，只好暂时忍了下来，听说祢衡擅长打鼓，就给了他一个鼓史的位置。

然后，八月的一次宴会上，曹操想报复和羞辱祢衡，给他长个教训，就喊祢衡出来表演鼓曲，还特意给他安排了表演时的制服。可祢衡是个刺头，就是不肯换上制服，而是径直上场，演奏了一首《渔阳三挝》，鼓声悲壮，在座的宾客听了没有不触动的。

祢衡走到曹操面前，小吏呵斥："你作为鼓史，为什么没有换规定的制服就上场表演？"

祢衡说："好的。"于是当场脱光了衣服，再慢条斯理地一点点换上曹操指定的服装。

在《后汉书·祢衡传》中记载，祢衡敲了几下鼓就离开了。而在《三国演义》的记载中，祢衡却直接发难：

汝不识贤愚，是眼浊也；不读诗书，是口浊也；不纳忠言，是耳浊也；不通古今，是身浊也；不容诸侯，是腹浊也；常怀篡逆，是心浊也！吾乃天下名士，用为鼓史，是犹阳货轻仲尼，臧仓毁孟子耳！欲成王霸之业，而如此轻人耶？

这一番话，简直把曹操骂成了一个有眼无珠、身心污浊的蠢蛋。

祢衡都把话说到这个份儿上了，曹操真的拿祢衡一点儿办法都没有吗？

其实，祢衡的嘴再厉害，哪里抵得上曹操手里的实权呢。用曹操自己的话讲：

祢衡竖子，孤杀之犹雀鼠耳。顾此人素有虚名，远近将谓孤不能容之，今送与刘表，视当何如。

曹操是一代枭雄，杀个祢衡还不是跟杀只小鸟、捏死只老鼠一样简单？可他不能也不想亲自动手，自己的事业正在上升期，还需要拉拢天下人才、维护民心，祢衡名气响亮，如果曹操真的动手杀了他，多多少少会给自己造成不好的舆论影响，所以，奸诈的曹操想出了一个绝妙的“借刀杀人”的法子。

曹操把祢衡送给了刘表。一开始，刘表也认为祢衡是个绝佳的人才，将祢衡奉为上宾，两个人相处得还算不错。可过了不久，祢衡那傲慢、爱羞辱人的毛病又犯了，对刘表屡屡轻慢和侮辱。刘表好歹也是“八俊”之一，怎么能受得了？想来想去，刘表才终于想明白了曹操把祢衡送给他的原因，于是，祢衡再次被转手，从刘表处被送到了江夏太守黄祖那里。

为什么送给黄祖呢？因为黄祖是个武将，性情急躁。一个武将和一个毒舌在一起，会有什么结果呢？

那天，黄祖在船上大宴宾客，祢衡也出席了，但他说话不注意分寸，黄祖感到不好意思，就呵斥他。

黄祖不说还好，一说，祢衡直接讽刺他说：

“死公，云等道？”

这下子，黄祖身为武将的暴虐彻底被激发了，扬手就让手下把祢衡拉出去斩了，可祢衡还不肯低头，依旧骂骂咧咧的，黄祖气疯了：“别拉出去了，就现在，立刻绞杀！”

也怪祢衡平时得罪的人太多了，黄祖一生气，手下记恨祢衡的人便一拥而上，可怜的祢衡当场就骂不出来了。

据说，当时和祢衡交好的黄射听说后，光着脚就跑了过来想要替祢衡求情，可到底没来得及。

就这样，一代“毒舌”，终究死在了自己的“毒舌”上，享年不到三十岁。

不过，祢衡的性格虽然令人难以忍受，可到底也是有真才实学的，所以，黄祖杀了祢衡以后，也有些后悔，便下令厚葬了他。

不知道在临死前，高傲的祢衡是否有过一丝丝的后悔，但或许，对于他这样的人来说，生与死都不是最重要的，最重要的是，在他短暂的一生里，他从头到尾都没有看不起自己，没有违背过自己的本心。

第五章
出其不意的职场竞争力

1

名将年羹尧的哥哥，当官水平一般，却是个超级学霸

工作能力不强的人如何讨老板喜欢，畅行职场？知识渊博、学习好也是一个不错的特长，名将年羹尧的哥哥年希尧就是一个好例子。

年羹尧是清朝历史上的名将，他平定青海叛乱，将青海纳入大清版图，得到雍正皇帝的赏识。但他居功自傲，结党营私，最终被雍正以大罪九十二条的罪名，赐死狱中。

犯下如此大罪，自然是要株连九族的。年羹尧的儿子年富被斩首，其余十五岁以下的儿子被流放边疆，他的手下也都被处斩，家属被贬为奴隶。

年羹尧的哥哥年希尧时任工部右侍郎，同样受到牵连，被停职查办。

曾经，年希尧的妹妹是皇贵妃，弟弟是赫赫有名的抚远大将军。他就安安静静地做个官，吃喝不愁，还能全面发展自己的

爱好。

可如今，转眼之间，一切都变了。他的好弟弟全家下场都那么惨。而他自己明明什么也没干，好好的一份工作，逍遥的人生，就这么没了。作为罪人的至亲，他的仕途怕是走到头了，剩下的人生的主要任务，就是保命了。

可神奇的是，一个月后，年希尧竟然被重新起用，担任总管内务府大臣。与此同时，他还担任了景德镇窑官这一要职。后来更是升到左都御史，负责监察百官。

过山车一般的人生体验，主打一个刺激。

年希尧为什么会被提拔？是因为他能力超群，被皇帝破格任用吗?

并不是。

其实年希尧当官的能力真的很一般，早在康熙年间，他就因为工作能力太差，被康熙大骂一顿，免职了。

康熙驾崩之后，雍正很器重年羹尧，就重新起用了年希尧。虽然雍正很看好年希尧，可他有时候也很无语，经常叫对方“呆公子”“大傻公子”等。

雍正并不是昏君，他心明眼亮，自然知道年希尧处理政事的能力有多差。但他之所以器重年希尧，是因为年希尧是个综合素质极高的学霸。

年希尧精通绘画音乐，诗词歌赋信手拈来，数学家、科学家、医学家、瓷器家等各种名号都可以挂在他的头上。总之，除了工作能力一般，其他都挺行。

年希尧擅长绘画，山水画、花卉画、翎毛画等都是他的强项。他甚至还搞起了绘画的学术研究，编著了《古今画史》等有关绘画的书籍。

年希尧还是一个音乐家，他曾拜扬州的乐坛前辈徐常遇为师，学过古琴演奏。徐常遇是广陵琴派的创始者，年希尧则是广陵琴派的传人。音乐也要搞点儿学术出来，这不，他又编著了《重校增补五方元音全书》。

作为古代文官，没点儿文采怎么也说不过去，年希尧的诗词歌赋能力也是相当不错。其文科的知识储备，足够让很多文科生汗颜。而他的理科动手能力，也能让一群理科生崇拜到哭。

年希尧是个实打实的大师级数学宗师，他编写了《测算刀圭》三卷、《面体比例便览》一卷、《对数广运》一卷。清代《畴人传》中称其“以西人测算之切要者，摘录刊布”。

梅文鼎是当时数学界的前辈，被称为“历算第一名家”。年希尧视其为偶像。后来二人有机会得以相见，年希尧与大咖交流起来毫无障碍，二人更是成为一起探讨钻研学术的挚友。

年希尧资助梅文鼎出版了《度算释例》，梅文鼎则是为年希尧的作品《测算刀圭》倾情作序，成就一段佳话。

在数学研究上，年希尧影响力较大的，是他与郎世宁一同编著了《视学》一书。书里讲了许多透视原理，其中关于画法几何知识的运用，比欧洲还早了几十年。书里出现的“地平线”“视平线”等名词，至今还在使用。

除此之外，年希尧还精通中医。时不时地，他就会找名医开个医术交流会，互授经验，还医治过不少病人。关于医术，他编著《集验良方》六卷、《本草类方》十卷，这两部医书至今还在出版，可见其影响力。

年希尧还精通瓷器的烧制。在担任景德镇窑官时，他开设的“年窑”工坊，引领了陶瓷界的新潮流。

他不像那些传统的工匠，只知道墨守成规，而是敢于尝试、勇于创新，凭着一股钻研精神解决了许多制瓷难题。当时传统的珐琅彩瓷器，由于彩料进口不足、颜色单调，让人审美疲劳了。经过一番钻研后，年希尧轻松解决了这些问题，实现了彩料自给自足，还增加了十几种新颜色，让珐琅彩焕发出了新的生机。更厉害的是，他还成功烧制出了高难度的胭脂水釉，在陶瓷界又掀起了一股新的热潮。

年希尧做每一行都得做出学术研究，搞瓷器亦是如此，他编撰的《古瓷考略》一书，影响了无数制瓷名家。

这样一个全面发展的人才，难怪雍正皇帝对他如此器重。

他这一生的履历和成就，就抵得过别人好几辈子。或许，正是因为他热衷于各个领域的研究，所以没有心思花在政治上，这个被皇帝称为“呆公子”的超级学霸，也因此在职场站稳脚跟，先后侍奉了康熙、雍正、乾隆三位帝王。

或许年希尧并不是不懂政事，而是他把时间和精力放在自己感兴趣的事情上，这也不失为一种智慧。

2

小事迷瞪瞪，大事不糊涂，宰相吕端一招击破宫廷政变

在职场里，有些优秀的人看起来并不亮眼，但在关键时刻能够挺身而出，扛起重任，迅速解决问题。宋朝宰相吕端就是这样一个人，小事稀里糊涂，却能在紧要关头展现出超乎寻常的应变能力和决策智慧。

明朝思想家李贽曾题过“诸葛一生唯谨慎，吕端大事不糊涂”的联语，将两位不同时代的人物——诸葛亮与吕端的特质概括得精准无比。

提及诸葛亮，人们自然会想到他的足智多谋、料事如神，他的一生如同布局精巧的棋局，每一步都谨慎周密，留下一段传奇佳话。

相较之下，吕端的名字或许不如诸葛亮那般如雷贯耳，但他在北宋初期的政治舞台上，同样以稳健和智慧赢得了历史的尊重。

吕端生于幽州安次县（今河北廊坊安次区），一生历经多个岗

位，从地方到中央，起起落落，就像过山车一样。

他在五十八岁的时候，还被贬了一遭。这是因为他在许王赵元僖任开封尹时，担任其判官。而赵元僖去世后，有人告发他做过很多不法之事。吕端因辅助有失，成了倒霉蛋，被贬为卫尉少卿。

其实到这个年纪，再等两年就可以稳稳当当退休了。所以，吕端也没什么怨言，就踏踏实实干工作，安安稳稳等退休，过悠闲自在的养老生活。

但万万没想到，命运的齿轮在他快退休的时候猛烈地转动了。沉着、稳当、有格局、有气量的吕端被宋太宗赵光义看中。

在宋太宗眼中，像吕端这样的人，不正是能帮他稳住江山的宰相之才吗！

据《宋史·吕端传》记载，当时的宰相赵普也对吕端赞不绝口，说他喜怒不形于色，是个做宰相的材料。

所以吕端就这么成功上位了。

吕端自己做梦也没想到，快退休的时候实现了职场晋升，走向了事业巅峰。

当宋太宗决心将吕端提拔为宰相时，一些大臣觉得吕端并无什么过人能力，而且对他的“糊涂”表示担忧。

吕端有多迷糊?

当年，吕端在赵廷美手下做事时，身兼开封府判官的要职。某天，赵廷美的心腹乔琏找到吕端，一脸神秘地请他帮个“小忙”。他想私下里搞点竹木生意，给王府添点外快。吕端觉得自己跟赵廷美关系不错，这点小忙不算啥事。于是根本没想太多，就大手一挥，给这桩“生意”行了方便。

乔琏等人很快就被抓了现行，所有牵涉其中的人都遭到了严惩。吕端虽然没沾到半毛钱的好处，但就因为当初打了个招呼，也卷入了这场风波。结果就被贬到了商州，当了个小小的司户参军。

然而，宋太宗却独具慧眼地看到了吕端的另一面，他根据自己多年的观察，断定：“吕端小事糊涂，大事不糊涂。”

吕端也的确没让宋太宗失望，在关键时刻成为力挽狂澜的人物。

很快，考验吕端智慧和决断力的时刻就到来了。

北宋至道三年（997年），宋太宗病重垂危，皇位继承问题就成了重中之重。其实当时已经立了太子，但仍有人不服气。宦官王继恩与李皇后暗中勾结，企图拥立楚王赵元佐为帝。

在关键时刻，吕端展现出了他作为政治家的敏锐和果敢，识破了王继恩和李皇后的阴谋。于是，他立即将太子赵恒保护起来，以确保他能够顺利继承皇位，并伺机而动，密切掌握宫中动向。

当时北宋皇宫内暗流涌动，吕端急匆匆地进宫探视病重的宋太宗，眼前的景象让他心生警觉。太宗生命垂危，而旁边竟然只有宦官王继恩和李皇后，太子赵恒不见踪影。

一股不祥的预感涌上心头，吕端迅速在手中的笏板上写下“大渐”二字，暗示太子赵恒情况危急，须立即入宫。他将笏板交给亲信，嘱咐他们务必尽快将信息传递给赵恒。

很快，太宗驾崩的消息传来，整个皇宫陷入了一片悲痛之中。

然而，李皇后竟然让王继恩召吕端进宫，讨论继承人的问题。

吕端心中一凛，皇帝明明已经驾崩，而且有太子赵恒在，为什么还要讨论继承人？

肯定是这俩人要出招了。

一场关于皇位继承的较量即将展开。

但是，要怎么解决掉这两个人？

吕端眼珠一转，有了主意。他跟王继恩说，太宗留有遗诏，在书阁之中，让他跟自己去取。

或许是因为对吕端这个老实的糊涂虫有了刻板印象，王继恩也没有多想，就跟着去了。

王继恩到了书阁一通翻找，却忽然听到“咔嗒”一声传来，一转头才发现，大门被吕端锁了，又派人看守。

王继恩气得发狂，他万万没想到，最关键的时刻，自己竟然被这个看起来稀里糊涂、好拿捏的吕端阴了一把。

控制住了王继恩之后，吕端只身前去面见李皇后。

李皇后看王继恩没回来，心里隐隐感到不安，但仍硬着头皮跟吕端讲道理，万一这个糊涂脑袋被说动了，那不就水到渠成了。

于是她问道：“皇帝驾崩，按惯例，应该立长子为帝，这是名正言顺的事情，这事你怎么看？”

赵元佐为宋太宗长子，从小深得宋太宗的喜爱，不出意外的话他的确是正统的继承者，但后来意外偏偏来了。赵元佐重情重义，在他的叔叔秦王赵廷美被冤谋反贬谪后，满朝只有他一人为其申辩。后来因为这事儿，他精神失常，有一次还放火烧宫殿。最后，被宋太宗贬为庶人。

而李皇后和王继恩之所以要拥立赵元佐为皇帝，也正是因为他是一个不正常的人，好拿捏，好控制，他们才能得到自己想要的权力。

吕端淡定回道："先皇册立太子不就是为了今天吗？如今您想更改先皇的决定，难道是对他的决策有什么异议吗？"

李皇后听了，尴尬又无语，再加上王继恩没现身，早就没了底气。

最后，赵恒顺利即位，是为宋真宗。

宋真宗即位之初，朝廷上下人心惶惶，而吕端以其稳健老练的政治手腕，成功稳定了政局。

面对拥立赵元佐的残余势力，吕端采取了既果断又审慎的措施。他首先巧妙地将李皇后的弟弟李继勋提拔为使相，并让他出镇陈州，以示尊崇和安抚。这一举动不仅稳住了李家的势力，也为朝廷赢得了一份重要的支持。

紧接着，吕端又对爱搞事的王继恩等人发起了攻势。他以"泄露宫禁语言"的罪名，将王继恩安置到了偏远的均州，相当于给了他一个较重的处分。其余党也相继被贬官处置，彻底剥夺了王继恩在朝廷中的权力。

这场宫廷政变以吕端的全面胜利而告终。

这位宰相就像扮猪吃老虎的职场大咖，平时并不出彩，看上去糊里糊涂，但在关键时刻却能展现出惊人的政治智慧和决断力。他终不负太宗当年的期望，在大事上睿智果断、力挽狂澜，成功挫败了王继恩等人的阴谋，确保了北宋政权的平稳过渡。

3

那个发明交子的“政绩标兵”，竟是个“超级神探”

若有人问，在历史的卷轴上，张咏是谁。很多人都没听说过。

这个名字，让人感觉像路人甲一样平平无奇。

但把这个名字和“交子”联系在一起，会让人恍然大悟，纷纷竖起大拇指。

因为他就是那个推行了世界上最早的纸币交子，被称为交子之父的人。

五代时期，天下乱成一团，蜀中主政的节度使分别建立了前蜀和后蜀政权，成为中原王朝统一过程中的重要目标。

北宋建立后，中原统治者惦念已久的蜀地，终于被收入囊中。而被纳入北宋统治的蜀地百姓却并没有迎来期盼已久的和平与繁荣。

在当地任职的官员倒行逆施，贪婪腐败，横征暴敛，引发了王小波和李顺领导的大规模农民起义。

北宋淳化五年（994年），一位叫张咏的官员走马上任，成为益州（今成都）的知州。当时益州叛乱频发，局势一度紧张得让人喘不过气来。他面对的，是个烫手的山芋。

好在朝廷同时派来了王继恩和上官正两位大将，他们率领的精兵强将，无疑给张咏带来了翻盘的希望。

可是，谁能想到，就在大军即将展开行动的前夕，王继恩却突然“掉链子”了。他犹豫不决，迟迟不肯出兵，大好的战机就这样白白溜走。

张咏看在眼里，急在心里，这叛乱若是不平，还治理什么？

眼前战机稍纵即逝，一旦错过，再想得胜就难上加难了。于是，张咏出面与上官正交涉，动之以情，晓之以理。上官正一开始还有些犹豫，但架不住张咏的软磨硬泡，终于决定立即出兵平叛。

为了鼓舞士气，张咏还特地举办了一场盛大的酒宴，为即将出征的将士们饯行。他高举酒杯，慷慨激昂地发表了一番演讲，把在场的所有人都听得热血沸腾，最终取得了胜利。

但平叛不仅仅是战胜叛军那么简单，更重要的是安抚民心，稳定动乱的局面。

指挥作战并不是张咏擅长的，但治政理事，他可以。

招抚流民，恢复生产，整饬吏治，让成都快速恢复了元气。张咏让当地百姓过上了盼望已久的安居乐业的生活。

张咏治政有多牛？

据史料记载，在张咏入蜀之前，成都的粮草都需要从外地调运。而他入蜀后不长时间，成都就储备下了可供使用两年左右的粮草。

张咏不光有能力，还格外有眼光，积极鼓励当地发展商业。交子应运而生。

交子是中国最早出现的纸币，虽然没有明确记载它被发明的时间，但可以确定的是，交子是在张咏治蜀期间出现的。所以，很多学者将张咏视为交子的发明者。

在张咏的治理之下，曾经战乱不断的人间炼狱，展现出了勃勃生机。

有能力的人，在哪里都会发光。张咏在调任杭州后，一样是绩效喜人。

咸平二年（999年）夏天，张咏以工部侍郎的身份出京担任杭州知州。那个时候的杭州并不太平，恰逢粮食歉收，民众生活在饥饿的边缘。

面对困境，很多百姓选择了一个高风险的方式来维持生计——贩卖私盐。在古代，盐是由国家严格管控的商品，私自贩卖是重罪。然而，生存的压力让这些人铤而走险，官方逮捕了几百人。

这时候，张咏展现了他的智慧。他没有以严刑峻法来处置这些犯人，而是选择了减轻他们的刑罚，并让他们回到家中。这样的决定让部下官员十分不解，他们纷纷表示："如果不严厉制裁，这种行为恐怕无法禁止。"

张咏则平静地解释道："钱塘一带有十万户人家，而如今饥饿的民众就有八九万。他们之所以冒着风险去贩盐，是因为他们需要盐来救命。如果我们不给他们一条活路，他们可能会聚集为盗，到时候，真正的大祸就临头了。等到秋天丰收的时候，我们再按照旧法来办事也不迟。”

既有原则，又知变通。这就是朝廷渴望的理想员工，升职加薪自然是水到渠成。

在张咏离任蜀地之后，蜀地又被起义军搞得乌烟瘴气，当初的治理成果毁于一旦。张咏临危受命，二次入蜀，一番治理后，蜀地再现生机。张咏也备受当地百姓的爱戴。

张咏不光是治政高手，还是一位“超级神探”。古代著名的司法案例典籍《折狱龟鉴》中所记载的张咏侦破的精彩案例就有二十多起。

或许张咏这个名字稍显普通了些，没有赢得创作者的青睐，否则这位货真价实的“神探”早已经威名远扬，丝毫不输狄仁杰、包青天。

比如，张咏所破获的益州双钉奇案[①]。

某一日，在益州城内，张咏像往常一样巡查街道，却被一阵女子的哭声吸引。这哭声不同寻常，它并没有那种失去亲人的悲痛，反而充满了恐惧和不安。张咏的好奇心被激发，他立刻命令手下吏员将这名女子带到自己面前。

女子颤抖着向张咏诉说，她的丈夫突然暴毙身亡。然而，张咏敏锐地察觉到女子言辞中的闪烁和不安。

经过一番调查，办案官吏并没有发现什么有价值的线索。就在

---

① 出自宋代郑克编著《折狱龟鉴·察奸》。

他们即将放弃时，一位办案官吏的妻子提醒他们：“何不仔细查看尸体头顶的发髻？兴许能破案。”

没想到，真的发现一枚长钉被插入死者的脑部，这显然是一起谋杀案。那官吏很高兴，就道出自己是在妻子的提醒下，才找到破案关键。张咏重赏了其妻，并询问其为何知道此事。他发现事有蹊跷，将官吏的妻子也列为嫌疑人进行审讯。

审讯的结果更加令人震惊。吏员的妻子承认了自己也曾以同样的手法杀死过前夫。张咏决定将这两名女子一同斩首示众。

还有，张咏曾在江宁慧眼识人，破获一桩奇案[①]。

宋太宗年间，张咏被任命为江宁知府，掌管一方民生。

某日，一位风尘仆仆的僧人来到此地，按例需向官府出示度牒。这位僧人看似从容地递上了度牒，张咏接过细细打量起来。突然，他的眼神变得锐利如刀，一声令下，僧人便被押入了司理院。因为他怀疑这人犯过命案。

这位看似慈祥的僧人，怎么会是杀人犯？

消息一出，江宁城炸开了锅。司理院毫无头绪。

第二天，张咏上演了一场别开生面的“审僧大会”。

他命人将僧人带上来，语气平和地询问：“你已出家多久？”

“回大人，已有七年。”僧人恭敬地回答，脸上看不出一丝波澜。

张咏微微一笑，突然话锋一转：“既是出家七年，为何你额上

① 出自宋代郑克编著《折狱龟鉴·察贼》。

仍留有缠头巾的勒痕？”此言一出，全场哗然。僧人脸色骤变，惊恐之情溢于言表。

他知道自己的秘密已经藏不住了。

在张咏的逼问下，僧人只得如实招供。原来，他真的是一个杀人越货的恶徒！不久前，他偶遇一位真正的僧人，心生邪念，将其残忍杀害后夺走了他的财物，从此冒充僧人四处行骗。

张咏凭借一双慧眼和过人的智慧，成功揭开了“假僧人”案的真相，百姓们无不拍手称快。

总之，张咏一生皆可圈可点，年少时英勇侠义，有豪侠风范。进入仕途后，踏实肯干，一心为民，政绩非凡。既能治政，更能明断是非，公正断案。晚年担任朝中要职，地位显赫，依旧清正刚直，疾恶如仇，敢直言进谏。

豪情气概，贯穿一生，他是一位真正的政坛侠者。

若是放在现代职场，这样有侠气、有能力、有远见、有魄力的人，也一定会是驰骋职场、出类拔萃的风云人物。

4

安禄山认了比自己小十六岁的杨贵妃做干妈

在历史上，大唐的繁盛，举世瞩目，万邦来朝，实非虚名。就像一个高速发展的大公司。但唐玄宗时期，一场大叛乱来袭，差点让大唐亡国。虽然最后叛乱被平息了，但唐朝至此衰败，再没有往日的荣光，这场大叛乱便是安史之乱。

杜甫诗中写道："国破山河在，城春草木深。感时花溅泪，恨别鸟惊心。"战火纷飞，饿殍遍野，白骨累累，说的就是安史之乱时期的社会现状。

在大唐这个"大公司"里，安禄山相当于董事长跟前的红人，得宠的干儿子，那他为什么还要起兵造反，摔碎"金饭碗"，把"公司"搅得人仰马翻?

因为，人的欲望是无限的。

据《旧唐书》所记，安禄山是北方的少数民族，幼年丧父，母亲改嫁。年少的他，十分有骨气，不愿与继父一起生活，便离家出走，闯荡江湖。在外磨砺的过程中，他练就一身本事，还学会了六国语言。

虽然有点本事，但安禄山只能混迹于社会底层，混得相当差劲。二十九岁那年，穷困潦倒的他跑去偷别人的羊，最后被官府所抓。幽州节度使张守珪见安禄山敢在自己的地盘闹事，便准备拷打一顿，然后将其杀掉。

正要动手时，安禄山大声喊道：“大丈夫来到这世上走一回，难道还不能灭了两个藩族吗？大人何必杀我！”

张守珪见安禄山身材魁梧，白白净净，谈吐非凡，料想此人可能有点本事，就留下他一命。果不其然，安禄山在张守珪手下表现突出，立下不少战功。

张守珪越看安禄山这个白胖子越喜欢，一次打完胜仗之后，张守珪一个激动，便将安禄山收为义子。

在张守珪的帮助下，安禄山被提拔为平卢兵马使。任职期间，他十分会来事，每当朝廷有官员来到平卢考察，或经过他的地盘，他都会好酒好肉地招待，重金贿赂。吃人嘴软，拿人手短，这些官员回到朝廷后，自然帮安禄山在唐玄宗面前大说好话。

唐玄宗当时最为宠幸的大臣有两人，一人叫李林甫，另一人叫杨国忠。两人虽然都是宠臣，但互相看不顺眼。

安禄山先用重金和李林甫搭上关系，李林甫便经常在唐玄宗面前夸赞安禄山，一来二去，唐玄宗对他越来越喜欢。毕竟身边人都夸他，唐玄宗听多了自然也会认为安禄山是个人才。

于是，唐玄宗召见了安禄山，想看看众人都夸的人到底有什么才能。见面之后，安禄山立马用他出众的口才将唐玄宗哄得舒舒服服。千穿万穿，马屁不穿，玄宗对安禄山喜欢得不行。

安禄山十分聪明，最擅长揣摩人心。他知道唐玄宗最为疼爱的是贵妃杨玉环，所以他千方百计和杨玉环搭上了关系。杨玉环是杨国忠的妹妹，和杨玉环搭上关系等于和杨国忠间接建立了来往。所以，不管是李林甫还是杨国忠倒台，安禄山都能稳如泰山。

人际关系算是让他研究得明明白白。

安禄山之所以官运亨通，还有一个重要原因，就是他脸皮够厚。为了能够步步高升，四十八岁的他竟然求三十二岁的杨贵妃收他为干儿子。

他能说会道，三言两语便哄得杨贵妃花枝乱颤，同意了他的请求。更神奇的是，玄宗皇帝竟也同意这个荒唐的要求。

据唐人姚汝能在《安禄山事迹》里所记，认下干儿子后，杨贵妃还给安禄山搞了一个“三日洗儿”的闹剧。“三日洗儿”是一种旧习俗，在唐朝宫中特别流行。婴儿出生三天后，要为婴儿举行一个仪式，仪式中必备的一项便是给婴儿洗浴，名叫“洗三”。这种大喜事，是要给下人打赏的，称为“洗儿钱”。

杨贵妃命令宫女们拿出绫罗绸缎，制作出一个大襁褓，然后用襁褓将安禄山包裹起来，再用香车将之送进后宫。唐玄宗知道这事后，不怒反喜，还赏赐了许多金银珠宝给杨贵妃，作“洗儿钱”。此后，玄宗与杨贵妃都叫安禄山为“禄儿”。此外，安禄山还可以随意进出宫中。如此恩宠，并不多见。

安禄山拍马屁的功夫登峰造极，每次进宫，他都要先去拜见杨贵妃，然后再去给唐玄宗请安。慢慢地，唐玄宗发现安禄山这个习惯，便询问他这样做是为什么。

安禄山恭恭敬敬地说道："陛下，我是胡人，按我们那边的习俗，母亲地位要排在父亲之前。"

唐玄宗听完之后，被安禄山的孝心感动得一塌糊涂。

安禄山之所以深受唐玄宗喜爱，除了能说会道之外，他还有一项技能，那就是跳舞。唐朝时，跳舞是一项必备的交际能力，舞跳得越好越受欢迎。

身材魁梧、肥肉彪悍的安禄山，跳起舞来，扭动腰肢，身轻如燕，能引来无数喝彩与掌声。玄宗每次见到安禄山献舞，都乐得合不拢嘴。

和老板和老板娘搭上关系，也就意味着搭上了职场晋升的火箭，可以捞到更多的好处。所以，曾经那个一无所有、差点掉脑袋的孤苦少年，逐渐成为位高权重的大唐高官。

他的头衔越长，好处捞得越多，他的野心就越膨胀。

权力和利益真是诱人，不知道当老板并拥有绝对的权力和整个江山是什么滋味。于是，他开始偷偷筹谋，准备起兵造反。但还没到最佳时机，他只能等。

据《旧唐书》记载，安禄山叛变的意图并不隐秘，甚至连不务正业的杨国忠都发现了。于是他向唐玄宗汇报了情况。

唐玄宗也派了专人去调查，没想到安禄山使用"钞能力"把调查员收买了，调查员回去上报的都是安禄山忠心耿耿的好话。

无奈之下，杨国忠只好劝说唐玄宗，将安禄山召进京，如果他不敢来，那一定是做贼心虚，有造反之心。唐玄宗将信将疑，下了一道诏书，让安禄山回京。

此时的安禄山被封为东平郡王，兼任平卢、范阳（幽州）和河东三镇节度使，掌控东北地区。接到诏令后，他果断回到京城。

唐玄宗见状，心中得意，干儿子还是听话的。

后来，安禄山得知杨国忠背后举报他要谋反之事，立马跑到玄宗那里哭诉，反将了杨国忠一军。唐玄宗还为此软声细语地安慰了安禄山。

会哭的孩子有糖吃，安禄山一番哭诉后，又管唐玄宗要来了不少好处，抚慰自己受伤的心灵，又快马加鞭回到自己的地盘，安心谋划叛乱。

天宝十四载（755年），唐玄宗又下令让安禄山回京，这一次，安禄山以生病为借口拒绝了。

不久之后，他便打着“讨伐逆臣杨国忠”的旗号，起兵造反。战火燃起，民不聊生，安禄山的兵马一路势如破竹，攻陷两京。唐玄宗只能带着后宫佳丽与文武百官仓皇出逃。

那安禄山得到了什么？

当初出兵造反的时候一定是热血沸腾的，而他也的确如曾经期盼的那样，一路势如破竹，攻陷了潼关，占领了长安，赶走了老东家。

至德元载（756年），安禄山成功创业当老板，自称雄武皇帝，国号为燕，并建元圣武。

在老东家火急火燎地奔逃时，他开始享受当大老板的快乐。

但是，真正自立门户之后他才发现，身处老板的位置，真不是看起来那么简单，也似乎并没有看起来那么享受。

身处权力的旋涡，处处都是危机。

至德二载（757年），安禄山的次子安庆绪为了谋夺帝位，发动了政变，将安禄山杀死。

安禄山为了体验一把当老板的快乐，动摇了大唐的基业，自己好不容易搭起的草台班子，最后也在历史中化为灰烬。

实践证明，忽视平台和资源的重要性，贸然行事，往往会导致双输的结局。

5

大奸臣蔡京靠艺术才华逆风翻盘，进入晋升通道

蔡京是宋朝出了名的奸相，恶名远播，延续数百年。

若是放在现代职场里，这样的人就是身居要职、把公司搞得乌烟瘴气的恶毒高管。

同时代宋人余应求评价蔡京：“欺君妄上，专权怙宠，蠹财害民，坏法败国，奢侈过制，赇赂不法者，蔡京始之，王黼终之，则京之罪大於黼审矣。”

《宋史》称蔡京：“天资凶谲，舞智御人”“见利忘义”。

南宋文学家洪迈称：“章惇、蔡京为政，欲殄灭元祐善类，正士禁锢者三十年，以致靖康之祸。”

蔡京以五花八门的奸恶，荣登“六贼之首”。

而如此奸佞之人，竟然先后四次任宰相，居相位长达十七年，这一切都离不开当时宋朝的“大老板”宋徽宗。

文艺皇帝宋徽宗即位之初，也曾想做个好皇帝。他的一系列举

动表现出了一位明主的智谋和胸襟，朝中一派正气，奸佞小人不敢胡作非为。

只不过，半年后，一切都变了。

乌云遮月，明君昏聩，奸佞的臣子像黑夜里疯长的藤蔓，把宋王朝拖入深渊。

这一切的分水岭，源自向太后的离世。

向太后在位垂帘时倾向于保守的旧党，也因此，前朝重臣韩琦之子韩忠彦顺利地升为左仆射。

但在向太后去世后，朝中政局大动荡。

被韩忠彦一手提拔起来的曾布，开始和韩忠彦展开权斗，一心想要把对方搞下台。

后来，他成功了。韩忠彦被挤出了朝堂。朝中大权就这样落入曾布之手。

但很快曾布遭到了谏臣的弹劾，紧接着又是一轮乱斗。这个过程其实也没什么新鲜事儿。曾布对朝局的影响，其实并不在于他自身的奸邪。他玩弄权术、包藏祸心、排挤忠臣等行为，不过是一个奸臣的基本操作，顶多是为北宋的堕落开了坏头。但是，他当初为了排挤韩忠彦，把一个人领进了朝堂。

这个人，将在未来的几十年间，对宋徽宗，对大宋的政局，都产生深远的影响。

他是宋徽宗艺术上的“知音”、政治上的“导师”、生活上的“良伴”，一步步地把宋徽宗送上了不归路。

他就是蔡京。

蔡京并不是突然“黑化”的，他在哲宗朝就是个奸臣，没少在权斗中使坏。

宋徽宗即位之后他就遭到了贬黜，政治生涯走了下坡路。而且，当时他和曾布矛盾很深。

在哲宗时期，曾布对宋哲宗暗中进言，表示蔡卞已备位枢府，作为兄长的蔡京不能同时被提拔，以防结党，只是进宫为承旨即可，后来逐渐将蔡京排挤出了朝堂。

不过，在政治上，没有永远的朋友，也没有永远的敌人，究竟是敌是友，皆是以利划分。所以当初为了把韩忠彦这个绊脚石尽快踢走，他有意谋划举荐蔡京帮助自己。但他没有想到，在此之前蔡京早已自食其力，暗暗为自己找出路。

据《宋史》记载，蔡京身在杭州时，就打通了太监童贯的门路。

童贯是个聪明人，懂得揣度人心，也因此深得宋徽宗的信任。蔡京正是通过他，将自己的影响力循序渐进地带到了宋徽宗身旁。

众所周知，宋徽宗爱好艺术，是个不折不扣的文艺青年。所以他派了童贯到江浙一带去采办书画及奇巧玩物。而童贯到了杭州之后，蔡京热情招待，日夜陪伴，陪他游览名胜古迹。这让一贯服侍别人、看人眼色行事的童贯大为满意。

于是，借着童贯这个渠道，蔡京将自己的画作送到了宋徽宗手上。他看透了皇帝的软肋。所以，要想早日回朝，不能跟这个被政治搞得头晕的皇帝谈工作、论国事，而是要打动他的灵魂，成为他的知己。

其间，童贯也时不时地为蔡京做代言人，恰到好处地表示蔡京才堪大用，不该闲置。宋徽宗一直沉默着，不否定，也不表态。因为他的心底，也有自己的一盘棋。

蔡京也一直很努力，努力地在宫中塑造影响力。他还通过与自己交好的道箓司徐知常给宫中的宦官和宫妾带去自己的心意，当然，每份心意上都有他的名字作为落款。以至于，远在杭州的蔡京常常被宫人所称道。大家都说：蔡京是个大才子，蔡京是个大好人。

在蔡京复出的道路上起到助攻作用的还有太学博士范致虚，他有很高的政治敏锐度，早早地便察觉出了蔡京东山再起的苗头，他升为右正言时，起用蔡京为定州知州。崇宁元年（1102年），蔡京徙大名府。

与此同时，曾布与韩忠彦闹得正欢，于是便提议起用蔡京。

不久后，蔡京擢升为尚书左丞，居于辅政之位，七月成为右仆射兼门下侍郎（右相），一步步走上人生巅峰。

就这样，韩忠彦走了，蔡京来了。

很快曾布就发现，他竟为自己酿下了一杯毒酒，给自己培养了一个无法超越的对手。

能成为“六贼之首”，蔡京的确是个能人，无论是在艺术上，还是在政治上。

在蔡京的运筹下，很快有人出面弹劾了曾布，理由是“曾布援元祐奸党，挤绍圣忠贤”。多么熟悉的声音，多么熟悉的套路。

当年曾布也正是用这样的套路挤走了韩忠彦。“三十年河东，三十年河西”，他自己成了靶子。射靶子的人是蔡京，一个睚眦必报、心狠手辣的人。

蔡京继而又诬陷曾布贪污受贿，而曾布本身就经不起查，再加上蔡京手段高明，命人抓了曾布的诸子，严刑拷打。

结果可想而知，曾布的人生一落千丈，灾难纷至沓来，曾经被他踩过的人，都过来狠狠地回踩他。最终，大观元年（1107年），曾布死在了润州。

两党相争，成全了蔡京。从此，他站在了权力的金字塔尖，挥舞权杖，翻覆江山。

换一个角度，蔡京上位，除了党争给他制造了可乘之机，还离不开一个关键人物——宋徽宗。

宋徽宗起用并重用蔡京，有两个原因。一是艺术上的欣赏，这也是大众所能看到的、认同的。从蔡京现存的墨迹可见，他的书法风格承袭了魏晋风韵，恣意、灵活，可与北宋苏、黄、米并肩，宋徽宗因此非常欣赏蔡京。

当年，蔡京在京城为官，宋徽宗还只是端王，一次偶然间看到了蔡京一时兴起题过字的扇面，花了两万钱买下来，一直珍藏。由此可见，蔡京的艺术造诣之高。

有这样一位能够在艺术上同频共振的人，宋徽宗自然会对蔡京另眼相待，所以，靠着艺术的“敲门砖”，蔡京轻松搞定了宋徽宗。

而且当时，宋徽宗作为一个刚刚继位的皇帝，还无法完全掌控政治局势，因为无论是韩忠彦还是曾布作为宰相的执政时期，都是在延续之前的政治格局。正是血气方刚、热血年华的宋徽宗自然不愿意走之前的老路。还有最关键的一点，也是宋徽宗的心结，他作为一个非嫡非长的皇子，继承皇位始终欠缺了一点正统性。所以，他更需要牢牢地掌握大权，向天下人证明，属于他的皇权不容置疑。而经过一段时间的考察，他认为蔡京不是什么好人，但却是能帮他实现目标的人。

的确，蔡京不负所望。他不仅洞悉了这位皇帝艺术家的孤独渴望，更深谙他内心澎湃的欲望。

在蔡京成为右仆射的诏令下达的那天，宋徽宗便把蔡京叫到了延和殿，开始了君臣之间的畅谈。宋徽宗语重心长地说：

> 神宗创法立制，先帝继之，两遭变更，国是未定。朕欲上述父兄之志，卿何以教之？

很显然，给了你权力，给了你路线，给了你目标，看你蔡京会怎么选。

但这可不是一道选择题，宋徽宗只给他留了一个选项。

蔡京叩头谢恩，表示愿效死力。

蔡京的确没有辜负圣意，帮宋徽宗收拢权力，甚至比王安石当权时期做得更彻底。

徽宗皇帝很满意，于是，这位政治上的搭档、艺术上的知己，很快又升迁了。崇宁二年（1103年）正月，蔡京迁任左仆射。

也许最初，徽宗只把蔡京当作一枚好用的棋子，他以为给予越多，蔡京就会越感恩、越努力。殊不知，他一口一口地喂养了蔡京的欲望。在欲望的驱使下，蔡京想要成为代替他下棋的人。

蔡京又是如何让这位年轻的皇帝远离政治的棋局？很简单，成全他的艺术梦想。

北宋的皇帝应该说是比较崇尚节俭的，但宋徽宗品位却高大上，他爱艺术、爱收藏，在这位艺术素养极高的宰相辅佐之下，花钱变得格外快乐而容易。

蔡京会反复地给宋徽宗“洗脑”，让他以梦为马，畅享诗酒年华。如今国泰民安，何必朝夕劳苦，勤理国政？

作为一国之主，在太平时期要敢花钱，这样才能证明国力强盛，震慑番邦。而且，蔡京为这话找到了有力的出处，如《周易》中所言之“丰亨豫大”，会花钱是财富实力的最好证明。

徽宗作为一个熟读史书的君王，也许曾经有过一些清醒的时刻，怀疑过这种理论的客观性。

就像《宋史》里记载的，宋徽宗也知道蔡京奸诈，所以选了些与蔡京不和的人来执政以牵制他，后来还多次罢免蔡京。

但是蔡京每当要被免职时，就去向皇帝哀求，跪地磕头，态度极好，主打一个真诚。

在皇帝欲望不断攀升寻求满足之时，蔡京总是能够找到理由，让他放下内心的挣扎，顺理成章地突破心底的防线。越陷越深，无法自拔。

总之，蔡京让宋徽宗很“上头”。

在蔡京的一步步引导之下，宋徽宗逐渐放飞自我，大造宫殿、园林，到处兴建道观，尽享“天下之奉”。

然而，在这如梦似幻的狂欢背后，帝国的权杖却悄无声息地滑向了蔡京的手中。

蔡京把大部分精力都用在哄皇帝开心这事上，剩余的精力则用在怎样掌控权力上。唯独没有心思用在治理政事上。

典型的不务正业。相当于领导给他升职，给他放权。而他，不干工作，只干不服自己的人。

他的野心随着权力的膨胀而愈发肆无忌惮。晚年时，他竟将家变成官府，公然卖官鬻爵。那些渴望升官发财的人纷纷聚集在他的门下，只要献上金钱财物，哪怕是身份卑微的仆隶也能一跃成为高官。国家的纲纪法度在蔡京的践踏下变得形同虚设，整个朝廷陷入了混乱与黑暗之中。

而蔡京的势力如同藤蔓般蔓延开来，盘根错节、牢不可破。

靖康元年（1126年），宋钦宗即位后，终于对蔡京展开了清算。

蔡京被贬谪至遥远的岭南，最终在潭州（今湖南长沙）的荒野中饥寒交迫而死。然而，即使他倒在了荒凉的道路上，天下人仍然难以平息心中的怒火。

纵观蔡京一生，不光打烂了一手好牌，最后还掀翻了牌桌，腐化了老板，砸碎了饭碗，最终自食恶果。

第六章

行走职场的非常手段

1

吴起以身入局，临死还能做局算计对手

有人曾说“谋士以身入局，举其胜天半子”，春秋战国时期的吴起应该算是这样一个高段位的谋士。

吴起是一位武能上马定乾坤、文能提笔安天下的高质量人才。他有谋略、有手段，在临死前还能以身入局，算计对手，拉对方给自己陪葬。这样的人，放在现代职场，也一定是个能搅动风云、步步为营的老辣职场人。

当时，吴起效力楚国，得到了楚悼王的支持，大力推行变法。变法虽能促进楚国的发展，却触及了楚国贵族的利益。

贵族们视吴起为眼中钉、肉中刺，欲除之而后快。他们联合起来对付吴起。可吴起并不怕，他是个目标感很强的人，为了达成目标，挺直了腰杆继续干。

而且吴起有楚悼王这个一国之君做靠山，贵族没人敢动他。

他的变法取得了显著成效，楚国日益强大，成为诸侯国中的佼佼者。

可是，当楚悼王去世的消息传来时，这些贵族开始反扑，他们纠集人马，誓要取吴起的性命。

在生死存亡的关头，吴起展现出了他作为顶级谋士的智慧和胆识。他身负重伤，一路奔逃至楚悼王的遗骸旁。

这个高端的猎手，此时俨然刀剑下的猎物。可那些贵族并没意识到，自己其实才是那待宰的羔羊。

吴起想，自己即便是死，也要让这些贵族付出代价。而且，只有这些人死了，才能守住自己的变法成果。

于是，他始终趴在楚悼王的遗骸旁，等待自己的结局。

他的这一举动彻底激怒了楚国贵族，于是纷纷将箭射向吴起。

最终吴起身中数箭而亡。

吴起死了，但他的计策成功了。

在楚国，毁王上尸身是重罪。那些射中楚悼王尸体的贵族，因为触犯了楚国律法而被诛灭。

以自己的命，换贵族七十余的命，这便是狠人吴起的人生最后的杀局。

吴起的狠辣，其实早有端倪，纵观他的整个人生，他就像是一个目标明确、叱咤职场、为达目的不择手段的人。

据《史记》记载，吴起并不是楚国人，而是卫国人。当初，他本来家境富裕，而他一心渴望入仕，却报国无门，甚至为此散尽家财，到头来都没能混个一官半职。

同乡对他冷言冷语地嘲讽，看他像个软柿子，说尽了难听的话。吴起的心被深深刺痛。当那些讥讽他的人成为他刀下的亡魂时，他并没有丝毫的悔意。

犯了命案的他不能在家乡逗留。于是，他收拾行囊，要远走他国。临行前，他立下誓言：“不当卿相，决不回卫。”

他的眼中闪烁着坚定的光芒。从那时起，达成目标就是他人生的意义。

逃离家乡后，吴起先投身于曾子门下学习儒术。然而，当母亲去世的消息传来时，他却不愿回乡守孝。这样的行为触犯了儒家的道德底线。所以，他被师父逐出师门。

但吴起并没有因此而沮丧，他深知自己的目标是什么，他需要的是实力与机遇，而不是道德的束缚。儒家的路走不通，那就换一条路。

乱世来临，诸侯纷争之际，吴起敏锐地察觉到了机会的到来。他转投兵家之道，潜心研习兵法。在这个以实力为尊的时代，只有掌握了强大的力量，才能立于不败之地。

果然，机会总是留给有准备的人。

在齐鲁交战之际，他凭借出色的军事才能赢得了鲁元公的青睐。

但鲁元公并没有马上任用吴起，因为吴起的妻子出身齐国，在鲁元公眼中，这个人可能会成为潜在的风险，保不齐吴起什么时候头脑发昏，为了妻子的母国而叛变，那这损失太大了。

为了证明自己的忠诚和决心，吴起做出了选择——他亲手结束了妻子的生命。妻子的尸骨成了他仕途的敲门砖，为他换来了鲁元公的信任与兵权。

吴起紧紧抓住了这次机会，一战成名，成功击败了齐国。

他信心满满地以为自己将踏上人生的巅峰，在鲁国站稳脚跟。却不料等来的是一纸免职文书。

立下汗马功劳的优秀员工被辞了，这是为什么？

当初为了证明忠诚而送上的投名状，如今却成了他道德上的污点。朝中的议论声此起彼伏，群臣不断给鲁元公吹风，攻击吴起道德败坏、蛇蝎心肠、狼心狗肺、猪狗不如……变着花样地说吴起不能留，不能用。

鲁元公一想，非常时期用人不拘小节。但现在得胜了，是和平时期，用人不能马虎，于是，吴起在鲁国的前程就没了。

失意的吴起没时间难过，赶快为自己找下一份工作。他听闻魏文侯求贤若渴，便决定前往魏国碰碰运气。

魏文侯在询问手下对吴起的评价时，得到了迥然不同的回答。一方面，他被批为贪婪好色、心狠手辣；另一方面，他的军事才能却得到了高度评价，甚至被认为超越了司马穰苴。

乱世之中，魏文侯更看重的是实战能力。于是，他决定任用吴起为主将。

再次得到机会的吴起倍加珍惜，他深知这次工作机会多么难得，所以，他发誓要勤勤恳恳，把工作干好。

他对待士兵如同自己的子女一般，与他们同甘共苦，甚至亲自为生疮的士兵吸脓。这种关爱让士兵们对他死心塌地，战场上更是奋勇杀敌。在吴起的带领下，魏军所向披靡，接连攻占秦地，最终占领了秦国的河西地区。

魏文侯对吴起的成就大喜过望，任命他为河西郡守。在任期间，吴起不仅改革了魏国兵制，还创立了武卒制，大幅提升了魏国的军事实力。他还亲自修筑吴城，以抵御秦军的进攻。

然而，就在吴起在魏国如日中天的时候，他的过往再次被提及。那些关于他残忍无情的议论声再次在朝中响起。魏武侯虽然欣赏他的军事才能，但对他的人品却始终心存疑虑。

吴起擅长上阵杀敌，但却不擅长“办公室政治”，况且，他这个人的确狠辣，的确存在道德污点。最终，在公叔痤的策划下，吴起被排挤出了魏国。

离开魏国后的吴起陷入了迷茫之中。然而，命运似乎总是在关键时刻给他带来新的转机。

以前攒下的优秀业绩为他迎来了新的工作机会。楚悼王找到了他，并委以重任，让他担任令尹之职。楚悼王看中了吴起的才华，希望他能助力楚国崛起。

年过五十的吴起再次被命运垂青，他感激涕零地接受了这份重任。

在楚悼王的支持下，吴起开始发动变法改革。他的变法政策旨在富国强兵，提升楚国的综合国力。然而，这些改革措施却触动了楚国贵族的利益。他们对吴起恨之入骨，密谋在楚悼王去世后对他进行报复。最终，在楚悼王去世的混乱中，出现了开篇那一幕。

吴起精通儒、兵、法多家学问，具有卓越的军事才能和政治智慧。然而，他的道德污点和残忍行为却在历史上存有争议。尽管如此，后人仍将他列为“武庙十哲”之一，肯定他的功绩和贡献。他与孙武并称为“孙吴”，成为军事史上的传奇人物。

2

如何搞定觊觎你领导之位的亲兄弟

如果你的好兄弟觊觎你的领导之位，怎么办？

那就好好待他，让他快乐，把最好的东西都给他，然后……

春秋时期的郑庄公就曾面临这样一个问题，但很快他想出了最佳解决方案，并和溺爱弟弟共叔段[①]的母亲武姜达成了共识，虽然他们的目标截然相反。

武姜的方案，是养心肝，养宝贝。这是她独爱的孩子，她要让他快乐地成长，把最好的东西都给他。总有一天，这个儿子会拥有势力，得到王权。

郑庄公的养成方案，是养逆子，养娇孩。王位是我的，你想要的东西都给你，母爱给你，宫殿给你，想任性闯祸随你，你出格了也无妨。总有一天，弟弟你会野心膨胀，谋权篡位，然后我就可以名正言顺地干掉你。

---

① 共叔段：姬姓，名段，在武姜帮助下，谋划作乱，被郑庄公镇压，兵败逃亡共地，故称共叔段。

这两个人跨界合作，把共叔段养成了理想中的样子。

郑庄公一点也不担心自己控制不了局面，他了解自己看着长大的弟弟。毕竟熊孩子都拥有统一的特质，骄纵、自大、没头脑、爱闯祸、作妖，什么都想要。

共叔段是标准的熊孩子，他去往封地，远离了郑庄公的掌控，更加狂妄，还生出了不小的野心。

从一开始，郑庄公就知道共叔段有小心思。作为一个合格的君主，和这个一直过于膨胀的弟弟不同，他能真正掌控自己权力所及范围内的动向。

郑庄公的养成计划，在别人看来，就是明晃晃地纵容胞弟。共叔段加修城墙不管，扩张封地不管，屯兵屯粮不管。

难道郑庄公一点都没有危机感吗？恰恰相反，郑庄公早想搞他了。但是从古到今，有一样东西，很多人都不敢挑战它，那就是舆论，舆论的力量太过强大。

这场兄弟之争发生在现在就会出现这样的新闻标题：豪门兄弟争夺继承权，哥哥无情将弟弟赶出家门。

网友纷纷留言，痛骂哥哥不顾兄弟情义，迫害手足。接下来一群网络侦探就会去扒各种内幕。然后惊天反转，哥哥常年受母亲冷遇，继承权本就是哥哥的，是母亲和弟弟想把哥哥架空，让哥哥这么多年打白工。

评论风向立刻转变，网友称自己和弟弟是大学同学，爆料弟弟人品很差，经常闯祸，上课不去，成天泡妞玩乐，考试门门不及格，都没领到毕业证。听说毕业后他哥哥给他一个部门经理当，他还让其他部门经理都听他的，想跟他哥哥夺权，他妈妈还帮他偷哥哥的资料。网友集体攻击弟弟无良失德，抨击母亲的自私、没人性。

半个月后，讨论的话题变成其他。网友再想起这件事的时候只会说，哦，这个瓜吃过。

但这件事发生在春秋时期，大概是了解信息的渠道少，值得思考的事情就少。那个时候人们不会轻易遗忘一件事，反而会紧咬着不放，然后认真地、发自内心地去抨击他们认为错的事情。

郑庄公不想被舆论抨击，所以必须有一个计划，既能将自己处置弟弟的罪过降到最小，又能一劳永逸，没有后顾之忧。

共叔段是郑庄公的亲弟弟，且一直都没犯什么不能饶恕的大罪。现在罚他，起不到任何作用，情面上也不好看。因为有武姜这个后台坐镇，甚至都不能真正地教训他一顿，罚了以后连翻旧账的机会都没有。

这让人又爱又恨的血缘关系。

郑庄公一直在等一个时机，能一次性收拾共叔段，让他没法翻身，标本兼治，让他没有死灰复燃、卷土重来的可能。

他在等共叔段谋反那一天。

谋反，是第一大罪，只要谋反，那便是十恶不赦，即使是亲弟弟，郑庄公也有足够的理由处置他。为了这个机会，他忍了二十二年。

在武姜为共叔段求封地时，庄公就悄悄开始谋划。为什么不给共叔段制邑，真的是危险吗？当然不是，是因为制邑离新郑远。离得太远，自己不好掌控。京邑就是个很好的选择，富而近，既能满足母亲给小儿子最好封地的心愿，又能随时进行管控，一举两得。

共叔段有反心，武姜的支持给了他谋反的胆，现在差的就是实力。

前面说过，共叔段是个自大又极其容易膨胀的人，所以郑庄公就纵容他。他心中有数，共叔段这点实力都是虚的。

共叔段一点儿都没辜负郑庄公对他的期待，到了封地，就开始了小动作。见郑庄公丝毫没有制止他的意思，内心快乐地想着：这个㞞货，他怕我。

臣子劝解郑庄公，不要一味地纵容宠弟了，他狼子野心，大王您这是在姑息养奸。

郑庄公说，莫慌，且等。

慌什么，他的姑息就是为了养奸。不奸，怎么除之。

事出反常必有妖，共叔段正大光明地挑衅君主权威，郑庄公都再三忍让，这中间肯定有问题。一般人都能想到，但共叔段不是一般人，他真的没想到。他想不到，郑庄公对他二十二年的隐忍和纵容，就是为了能将他一举拿下，当然，他也不觉得自己会失败。

所以很多人认为，郑庄公在此事上，很大概率是在赌，赌共叔段会谋反，还要赌他必定失败。

的确，这世上没什么事是必然发生的。

万一共叔段天天在作死的边缘试探，就是不谋反，那他得忍一辈子。万一共叔段有谋略，这么多年都一直在扮猪吃老虎，其实背地里有他不知道的谋划，他就会被自己亲手养大的老虎咬死。

郑庄公即使作为郑国的君主，他也不能保证事情的走向全都符合他的预期。可也正是因为他是君主，他不会轻易拿一个小概率事件去决定国之发展。他能做出每一个决定促成这件事，就代表这是个大概率事件，值得他去做。这些凭的是他对母亲和弟弟的了解和他对国家的掌控。

且像郑庄公这样的人，一定能有办法让共叔段谋反。

共叔段的势力日渐发展，郑庄公看着一点都不着急。君主不急，大臣急啊。

第一个憋不住的是祭仲，祭仲提醒郑庄公："大王，您弟弟过分了！"

郑庄公问："怎么过分了？"

"都城的城墙周围超过三百丈，就会成为国家的危害。先王规定：大都城，不能超过国都的三分之一；中等的，不能超过五分之一；小的，不能超过九分之一。现在京邑城墙的规格已经严重超标，将来君上恐怕会忍受不了。"

郑庄公说："母亲不让管，我没有办法，我得听母亲的。"

祭仲捶胸顿足，只得暗恨。"您听她的，就避不开这个祸害。不如早早就安排下去，及时掐灭共叔段这点心思，再这样下去，他一旦成了气候，就不好办了，疯狂生长的野草尚且难以除尽，况且是国君的宠弟。"

郑庄公想了想说："多行不义必自毙，先等等看。"

君主已经放话，自然是有自己的考量，那他们也跟着等等看。

然后，他们看到的是共叔段持续膨胀，居然让郑国西部和北部，既听令于郑庄公，又要听令于他。

这么看共叔段也不是一点脑子都没有，他若是直接让西部和北部听命于他，首先不管这两个部能不能愿意，都属于分裂政权，是可以按谋反算的。他也知道自己现在火候不够，不能过于嘚瑟，让这两部听命双方的，不算搞分裂。

我没说不让他听国家的，就是让他也听我的，毕竟我也是有身份有关系的人，你们应该没意见吧？

群臣表示很有意见。

大夫子封面见郑庄公，这位是个急性子、暴脾气。

“一个国家，不能忍受这样听两面的情况，您到底有什么打算？如果您打算让位，请允许臣下现在就去效忠；如果无意禅让，请现在就动手除掉他。总不能让百官心意不定，不知所从，产生其他想法。”

郑庄公说：“不着急慢慢来，他肯定没好下场。”

慢慢来的结果是共叔段野心的恶性膨胀，不但把原来的两属都变成自己的采邑[1]，而且把势力范围扩大到了廪延。

子封等不了了，大王可以下手了，否则就收不住了。

郑庄公安慰他，不怕。不义之人得不到人心，膨胀得越快死得也越快。别看他现在实力雄厚，到时候一定迅速崩盘。

子封半信半疑，搞不懂郑庄公在想什么。君王的心思你别猜，猜来猜去你也猜不明白。郑庄公此时怕的，是他不膨胀，万事俱

① 采邑：古代国君封赐给卿大夫作为世禄的田邑，也叫采地、封邑、食邑。

备，只差临门一脚。

于是郑庄公任由共叔段折腾，继续不闻不问。终于等到他起兵了。

大臣们心想，这下你总该管了。郑庄公心想，这样终于没理由饶了他。

此时共叔段已经修理了城墙，储备了充足的粮草，武器充足，步兵车马齐全。

郑庄公出招了，他派出了早已忍耐不住的子封。

看你，一直为这件事着急上火，你带兵去吧，消消火气。

郑庄公完胜。

解决了内忧，郑庄公终于能从亲情的枷锁中挣脱。母子决裂，兄弟相搏，日后还可能会被诟病，他幸福了吗？他幸福。

他隐忍地陪着母亲和弟弟玩了二十二年的权力的游戏，终于走到了结局。其实，胜负已经不那么重要，因为他早已经看到了终点。

重要的是，他结束了这场斗争，终于离开了棋局，不仅稳固了自己的王权，也解脱了被母爱和兄弟情捆绑的心。

3

为老领导收拾烂摊子，连自己儿子的命也不要了

每一个老板都喜欢忠心耿耿的员工，因为在关键时刻，忠诚能发挥巨大作用，甚至能保住基业。春秋时期，就有一位大臣石碏，为了给老领导卫庄公收拾烂摊子，大义灭亲。

这一切，要从卫庄公那个不省心的儿子州吁说起。

州吁是共叔段的朋友，他和他朋友有同个梦想：

篡位，谋反，杀哥哥。

但最大的区别是，共叔段失败了，州吁成功了。

公元前719年三月十六日，州吁带人偷袭国都，杀了同父异母的兄长，自己当国君，成为春秋时期弑君第一人。

州吁是卫桓公的弟弟。只是州吁兄弟俩和共叔段兄弟俩有一点不太相同。郑庄公和共叔段都是嫡子，由武姜所生，而卫桓公和州吁都是庶子。

幸运的是，卫桓公公子完虽为庶出，却是被卫国夫人庄姜抚养

长大的，所以成为嫡子，顺利地登上了王位。

这样的好运，只有一份。同样是庶出，州吁却只能一直是庶子。

命运的偏差让州吁心怀不满，常常胡作非为。而他的老父亲卫庄公却对他非常纵容。

眼明心亮的老员工石碏谏卫庄公。从《左传》中所记载的《石碏谏宠州吁》篇可见石碏的字字真心：

我听说疼爱自己的儿子，是要施以正确的教导，才能使他不走上邪路。骄傲、奢侈、淫荡、逸乐，就是万恶之源、走向邪路的开端。州吁有这些恶行，都是您给了他太多宠爱和钱财的缘故。

如果您要立州吁做太子，就应该赶紧定下来；要是您没这个打算，这样会引导他造成祸害。受宠爱也不会骄傲，骄傲了还能受压制，受了压制也不会怨恨，有怨恨也不会为非作歹的人，少之又少。

再说卑贱的妨害高贵的，年少的欺负年长的，疏远的离间亲近的，新的挑拨旧的，地位低的压着地位高的，淫乱的破坏有礼义的，这是六种违背道理的事。

君主行事仁义，臣子服从恭顺；父亲慈爱儿子，儿子孝顺双亲；兄长爱护弟弟，弟弟恭敬兄长，这才是六种顺礼的事。不顺应礼义而去做违背礼的事，就是招致祸害的原因。您作为君主应尽力除掉祸害，现在却反而招致祸害，这样不行！

长篇大论，字字珠玑。

一字一句，都饱含对州吁成祸患的担忧，语义明确，没有一点隐晦提醒，所有的可能性和是非对错，全都摆在了桌面上。

正常情况下，君主都会思考臣子如此直白的谏言。但卫庄公爱子心切，你说得有道理，但我不听。

等到卫桓公即位后，石碏告老还乡。老臣努力过了，听天由命吧。

卫庄公去世后，州吁最大的靠山没了，以他的身份本应该小心谨慎行事。可他丝毫没有收敛，专横跋扈，目中无人，依然是他一贯的作风。

纵容他的人已经不在了，没必要对他一忍再忍，于是卫桓公罢了他的官。

被罢官的州吁跑出了国都，在外拉帮结派，结识了他此生的兄弟共叔段，两人相见恨晚。

相似的人更容易找到共识，共叔段用自己的经历，为州吁增加了经验值。果然失败是成功之母，吸取了经验教训就是不一样。经过了十四年的经营，州吁的武装势力成功击败了卫桓公的合法势力。

州吁谋反成功了，然而他只当了半年的国君。

诚然，有命奋斗没命享受，是人生最大的遗憾。不过在有限的君主生涯中，他也干了不少事。

他上台做的第一件事，就是攻打郑国给好兄弟共叔段出气。听起来不像州吁这种人能做得出来的，毕竟此等大逆不道之人，连亲兄弟情义都不顾，怎么会在篡位成功之后大动干戈只为替朋友讨公道。

州吁当然不是这种人，帮朋友出气只是顺带。

州吁此人，好大喜功，狂妄，爱面子。他这么多年都没什么好名声，但身上也未曾有过什么大罪孽。

篡位后，民众看他都像看罪人，在他的暴政下敢怒不敢言，民心不稳，但他现在需要民众支持。

攻打郑国一直是卫国的政治理想，两国是世仇，可以打着继承先辈的遗志行事，毕竟老祖宗的心愿，后辈总要完成。借伐外来暂缓内部矛盾，是历来统治者的手段，但其最根本的原因，是郑国发展得太快了。

郑国在郑庄公的统治下俨然是一方强国，很多国家羡慕嫉妒。州吁属于僭位，名不正言不顺，他急需一个功绩，好让周天子和各诸侯国承认他这个国君，讨伐郑国若是成功了，那就是一次优秀的战略。

恰逢此时，宋国的公子冯逃亡到了郑国。秉承着“敌人的敌人就是朋友”这一准则，州吁托人给宋国带个口信：

国君要是想打郑国来解决掉心中的祸害，你当主帅，我愿意出兵和装备，和陈国、蔡国一起给你当小弟。

宋国回信儿：行。

这是一场声势浩大的行动，四国伐郑，可惜雷声大雨点小。只是包围了郑国的东门，闹了五天，就回来了。

过后州吁觉得不痛快，还在秋天割了郑国的麦子。

州吁的出发点和立场，注定他在这场行动中落不下好处，看看别人都怎么说他。

鲁隐公和他的大夫在聊八卦时，说到了这件事，便问自己的大夫众仲：你看这卫国的姬州吁能成功否？

众仲此时的心理活动就两个字：呵呵。

众仲回答：我听说过以德安抚民众，没听说过用祸乱安抚民众的。用祸乱安抚民众不就跟在一团乱丝线里找线头一样，越来越乱吗？这人人品不好，也就武力值高一点，仗着他那点本事干了不少残忍的事。这样的人，他的民众怕他，不真亲近爱戴他，就连军队的部将都不是真心归附他。他要是再不收敛，这把火就要烧到自己了。他先是弑君，又施暴政，不以德服众，只搞暴力剥削，成不了事。

看，他干的这点事，最后只能让别人背地里说说闲话。用暴力掩盖暴力，起不到任何作用。

可州吁习惯了，多年的唯我独尊，让他只懂爱自己，不懂得爱人民。这样的性格和心胸，注定难成大业。

王位就是坐不稳，卫国人在心底还是不愿意承认这个国君。这可怎么办？没人教过州吁，所以他急需找到一个明白人指点迷津。

办事要走关系，这是一项常规操作。他有一个朋友，叫石厚，这个石厚没什么能耐，但他有一个能耐的爸爸。

他爸爸叫石碏，就是那位忠心耿耿的老员工。石厚为自己的朋友去问石碏，州吁这个王位要如何才能坐稳。

这下子问对人了，石碏正愁没办法给老领导收拾烂摊子呢，毕竟州吁已经成为卫国最高掌权人。

石厚自然是相信自己的爸爸，没想到州吁也相信。不知道是出于对朋友的信任，还是病急乱投医。石碏是谁？那可是当年谏言言辞最犀利的人。

最后，州吁死在了陈国，陪他上路的，是他的好朋友石厚。

朋友一生一起走，他们一起走了。走的时候，也不知道两人有没有点后悔。

在州吁心中，大约是虎毒不食子，怎么会有人为了杀别人而害死自己的孩子。他知道石碏不喜欢自己，哪承想他为了干掉自己，甚至不惜大义灭亲。

石碏的想法很简单，这个号已经废了，不如换号重练。

两人怀着稳定民心、朝见天子的心愿来到陈国，迎接他们的，是终结生命的铡刀。

一封来自石碏的信，将州吁葬送在陈国。

信中写道："我们卫国弱小，我也老了，什么事都做不了，管不了年轻人了。来的这两个人，杀了我们的君主，是大逆不道之人，趁这个机会，你们把他们两个拿下吧。"

陈国是和卫国交好，不是和州吁交好，石碏能直接将信寄到陈国，肯定是卫国人民的心愿，大家都是朋友，这个事可以帮忙。

州吁和石厚在陈国被就地正法。

行刑是由两国共同完成，卫国派出两个监斩官，斩州吁的是卫国的右宰，斩石厚的是石碏的管家。

这是在告诉陈国：这是我国民意，家里也是知晓的，你放心斩。也能稳定卫国民心，看，那个大逆不道的人，被我们消灭了，大家可以安心了。

一举两得，暴力没能平息的内乱，州吁一死，就平息了。石碏算是了了多年来一桩心事，没关系，卫国还有其他继承人，卫国还有希望。

卫人另立公子晋为君，是为卫宣公。

次年夏四月，卫桓公终于得以安葬。

郑国的内乱，是郑庄公为了彻底解决后患，有意为之，卫国的内乱，是卫庄公教子无方留下的隐患。

还好，有忠心耿耿的老员工石碏，关键时刻，为已故老领导解决了内乱，甚至甘愿付出丧子的代价。

4

南朝第一狠人刘裕，整顿职场当老板

在职场上，有野心的人会不择手段向上攀爬，在这个过程中往往深藏着无数狠辣算计，只为获得更高的位置、更多的利益。魏晋南北朝时期，就有这样一个野心勃勃的人，他的上位方式极为狠辣。因为他并不是只想做“高管”，而是想做“老板”，因此，好几任“老板”都成了他手下的亡魂，堪称南朝第一狠人。这个人正是后来的宋武帝刘裕。

可以说，刘裕走出了一条不可复制的道路。从一个赌徒到开国皇帝，刘裕的华丽转身历时约二十年，大致分为三个阶段：崛起、执政东晋、篡晋建宋。

刘裕的出身与蜀汉先祖刘备有着异曲同工之处，两人在年少时都曾以贩卖草鞋为生。据《魏书》记载：“裕家本寒微，住在京口，恒以卖履为业。意气楚剌，仅识文字，樗蒲倾产，为时贱薄。”刘裕命运坎坷，母亲早早离世，父亲因家境贫寒，无力雇用乳母，甚至曾一度考虑将他遗弃。幸运的是，他的姨母当时恰好也刚生下孩子，便将刘裕接到身边，与自己的孩子一同抚育，使得他得以侥幸活了下来。

成年之后，刘裕为了维持生计，摆摊卖草鞋，砍柴、种地、打鱼，干过不少杂活。但后来，不知怎么，他迷上了赌博，声誉因此日渐败坏，乡亲们都将他视作不务正业的无赖。

出身不好，人又好赌不争气，如果不出意外的话，一辈子也就看到头了。但是，后来发生了一件事，让刘裕有了转变。

有一次，在与京口世家子弟刁逵的赌局中，刘裕手气不佳，竟欠下了高达三万的巨额赌债，无力偿还。刁逵为了羞辱他，将他五花大绑，捆在马桩上，供路人围观，更不让他饮食，企图置他于死地。

在生死攸关之时，刘裕的族亲们出于同情和怜悯，伸出了援手，将他从死亡的边缘救了回来。这次屈辱的经历让刘裕深刻地认识到了生活的残酷和人情冷暖，也为他日后崛起埋下了伏笔。

晋安帝隆安三年（399年）的深秋，风云变色，农民起义风起云涌。在会稽之地，叛军首领孙恩揭竿而起，一时间烽火连天。朝廷闻讯震动，迅速派遣卫将军谢琰与前将军刘牢之统帅精锐之师，东征平乱。

发誓戒赌的刘裕，投身到了刘牢之所率领的北府军中。那时候，门阀士族高高在上，垄断了仕途，当兵成为寒门子弟逆袭命运的唯一出路。所以刘裕决定拿着自己这条命搏一搏。

入伍后的刘裕如鱼得水，他表现出异于常人的积极与勇敢。在战场上，他身先士卒，勇猛善战，同时又颇具智谋，很快就脱颖而出，赢得了刘牢之的青睐。于是，刘裕被提拔为参军。

当刘牢之的大军浩浩荡荡抵达吴地时，叛军也沿途集结，意图阻挡他们。刘牢之就派刘裕带着几十名士兵去探探叛军的虚实。没想到，在探路的途中，刘裕他们突然遇到了数千名叛军的围攻。面对这突如其来的攻击，刘裕却一点也不怕。他带着士兵们勇敢地与叛军激战。他挥舞着长刀，奋力杀敌。

久等刘裕不归的刘牢之之子刘敬宣忧心忡忡，他担心刘裕陷入重围，于是率领轻骑兵疾驰而去，寻找刘裕的踪迹。当他们赶到战场时，恰巧目睹了刘裕与叛军激战的壮观场面。刘敬宣惊愕之余，也对刘裕的英勇无比敬佩。经此一役，刘裕声名鹊起。

此战过后，刘裕一行人斩获叛军千余首级，他们乘胜追击，势如破竹地收复了山阴等地。

元兴元年（402年），刘牢之在成功追讨孙恩之后，挥师直指东晋核心地带。然而，他的军队踏上溧州（今江苏省溧阳市）的土地时，意外地与桓玄的雄师相遇。面对强敌，刘牢之不听劝阻，选择了求和。

可没想到，桓玄是个野心勃勃的人，他攻陷建康，杀害司马元显之后，又出其不意地剥夺了刘牢之的兵权。刘牢之在惊慌失措中潜逃，但终究在走投无路之下，选择了自我了断。而他的得力助手刘裕，则在这样的变局中，审时度势地投靠桓玄。

元兴二年（403年）初，孙恩的妹夫卢循再次揭竿而起，桓玄便派遣刘裕前去讨伐。刘裕凭借出色的军事才能，取得了胜利，深得桓玄的信任与宠爱。

然而，桓玄的妻子刘氏却是个善于识人的女子，她敏锐地察觉到了刘裕的野心，于是力劝桓玄尽早将其除掉。但桓玄却心存侥幸，打算让刘裕在平定关中、河北后再做打算。后来，桓玄又接受了晋安帝的禅让，建立了“楚”国，史称“桓楚”。

桓玄称帝后，为了遏制刘裕的势力，开始有意掣肘北府军，甚至无端斩杀了一些队伍中的高级将领。这也让刘裕深刻地意识到，要想在这乱世之中立足，就必须将权力牢牢地掌握在自己手中。

这个“老板”不接受自己的“向上管理”，不给自己放权，那么，换个“老板”就好了。他暗中联络北府兵旧部，积蓄力量，准备反戈一击。

刘裕找准时机，以打猎为名，率领一千七百多名精兵对桓玄发起了猛烈的进攻。经过惊心动魄的血战，他终于攻入了建康城，砍下了桓玄的头颅示众。这便是刘裕杀掉的第一位皇帝。

之后，刘裕亲自给自己挑选了一位“老板”，拥立曾经的晋安帝司马德宗复位，实际上却是他掌控着实权。从此刘裕开启了南征北战的逆袭之路，成为杀皇帝小能手。

义熙五年（409年），南燕皇帝慕容超被刘裕给盯上了。刘裕花了一年时间，就攻破了南燕的国都广固城。慕容超一看大势已去，带着身边几十号人仓皇出逃，可惜最后还是被刘裕的大军给逮住了。慕容超被斩首示众，南燕就此灭亡。

义熙九年（413年），刘裕任命朱龄石为益州刺史，带着两万精兵攻下了成都。谯纵这个曾经的益州刺史，毛璩手下的参将，也不是个省油的灯。他杀了毛璩，自称成都王，后来还接受后秦的封赏，对外称西蜀王，对内以皇帝自居。可惜，他遇到了刘裕这个狠角色。最终走投无路，自杀身亡。

义熙十二年（416年），刘裕已经统一了整个南方，势力范围延伸到了北方的许多州郡。

义熙十三年（417年），刘裕又带着军队去讨伐后秦了。后秦皇帝姚泓哪是刘裕的对手，大败之后不得不带着妻儿投降。心狠手辣的刘裕，不留后患，将其全部斩杀。

灭掉后秦之后，刘裕就被封为宋王，他的野心也跟着水涨船高。他其实完全可以直接取代晋安帝司马德宗的位置，不过他又对那句“昌明之后有二帝”的谶语深信不疑，所以只好暂时隐忍。

义熙十四年（418年），刘裕心里就开始痒痒了，他觉得自己当“老板”的时机已经成熟了，于是悄悄派了心腹害死了司马德宗。次年，他又假惺惺地拥立了司马德宗的弟弟司马德文，是为晋恭帝。

司马德文是个聪明人，他心知自己是个傀儡皇帝，也洞悉了刘裕的野心，于是把这个“皇位大礼包”送给了刘裕。

元熙二年（420年），刘裕接过皇权，改国号为宋，年号永初，是为宋武帝。东晋就这样悄悄地退出了历史舞台，南北朝的大幕正式拉开。

虽然司马德文主动让位，但刘裕还是不放心。于是表面上他效仿司马炎，把司马德文封为零陵王，让他去封地享受生活，待遇还不错。然而背地里，他屡次找机会杀司马德文，最后司马德文被刘裕的亲兵用被子捂死。

接着，刘裕的屠刀又砍向了司马家族。他非常忌惮东晋宗室，担心他们东山再起。为了免除后顾之忧，他就把司马氏都杀了，还有那些瞧不起他寒门出身的东晋门阀豪族，能杀的都杀了，这才出了心中这股恶气。

虽然刘裕是个狠人，他的“创业”方式较为狠辣，但他的业务能力的确很强，从职场角度看，刘裕无疑是一位杰出的“老板”。他具备远见卓识，能够洞察时局，抓住机遇。他善于运用政治手腕，恰当地处理与各方势力的关系，既能够笼络人心，又能够果断地打击对手。他执政期间，推行一系列改革措施，抑制豪强兼并、实施土断[①]、整顿吏治、轻徭薄赋、废除苛法……促进了国家的经济发展和社会进步，使得政府的收入大幅增加，兵源得到扩充，国力日益强盛。后人纷纷竖起大拇指，赞誉他为“南朝第一帝”。

同时，刘裕也是一位注重人才的“老板”。他深知人才的重要性，因此不拘一格降人才，重用寒门之士，让他们有机会施展才华。这种开放包容的用人理念，不仅为他的统治注入了新的活力，也为后世树立了榜样。

总的来说，刘裕作为一位职场“老板”，他的成功并非偶然。他凭借出色的政治智慧、领导才能和用人理念，建立了强大的“南宋朝”。可惜，他开了杀禅让之君的恶例，最终也连累到了自己的

① 土断：本地人和外地迁来的人，都在所居郡县编著户口，纳税服役。桓温行土断法，南朝各代多次推行，作为加强王朝统治、与世家争夺劳动力、扩大赋役和兵源的一种手段。

子孙。五十多年后，刘宋的最后一个皇帝宋顺帝刘准在权臣萧道成的逼迫下禅让了皇位，不久也遭到了杀害。这可真是应了那句老话：“出来混，迟早是要还的！”

5

五代十国杀疯了，将军、兵卒、农夫都能当老板

唐朝灭亡后，中原大地再次成为群雄逐鹿的战场。昔日的藩镇将领们纷纷摩拳擦掌，你方唱罢我登场，争夺着中央政权的宝座。

在这个特殊的时期，梁王朱温凭借过人的胆识和智谋，成功接过了大唐的旗帜，建立了后梁。

朱温出身贫苦，早年丧父，跟随母亲在异乡漂泊谋生。不过他并未被生活的艰辛所打败，反而磨砺出了坚韧不拔的意志。他痴迷于武艺，立志成为一名顶天立地的英雄。

在乡亲们眼中，他或许是个不务正业的混世魔王，可正是这股不屈的劲头，让他在乱世中脱颖而出。

黄巢起义的烽火点燃了朱温心中的热血。他毅然投军，开始了自己的戎马生涯。在战场上，他勇猛善战，很快便脱颖而出，成为黄巢军中的得力干将。

他生来就是不安分的人，也没什么原则，后来改弦易辙，归附

唐军，更是如鱼得水，反过来镇压黄巢军。他的势力逐渐壮大，甚至挟昭宗皇帝为傀儡，后加爵为梁王。

然而，他并未满足于此。野心滋生欲望，他不再甘心做“高管”，惦记上了“老板”的位置，想搞个皇帝当当。

秩序崩坏的时代，当“老板”好像没那么难，只要先干掉“老板”就好了。

于是朱温派人杀死昭宗，将昭宗才十二岁的儿子李柷拉出来继位。

可怜的娃娃皇帝，完全就是摆设。即便这样，朱温仍不甘心，连这个傀儡也不想留。唐哀帝天祐四年（907年），他接受李柷的禅让，废唐建梁，成为后梁第一位皇帝。

紧接着，晋王李存勖灭后梁，恢复李氏江山，改国号为唐，史称后唐。

之后，石敬瑭灭了后唐，建立后晋。石敬瑭原是后唐皇帝李从珂时的节度使，后起兵造反。当时他虽有野心，但实力不济。为了达成目的，他将目光投向了具有强大战斗力的契丹。

于是，石敬瑭展开了自己的无下限、无底线的骚操作。他向辽称臣，认比自己小十岁的耶律德光做干爹，并且割让幽云十六州，以此作为条件，请耶律德光出兵，助力他对抗后唐。

这样一笔稳赚不赔又受益无穷的买卖，耶律德光肯定是非常乐意的。于是耶律德光便领兵前往，帮助石敬瑭消灭了后唐，并扶持他上位，石敬瑭成为后晋的开国皇帝。

上位后的石敬瑭的确是个听话的“好儿子”，不仅遵守诺言割让幽云十六州给契丹，还每年给契丹奉上三十万匹布帛。他对契丹百依百顺，有求必应，自称“臣”，为“儿皇帝”。

在石敬瑭去世后，曾经跟他一起搞事业的好兄弟刘知远也当了皇帝。

刘知远出身贫苦，甚至一度沦为奴隶，但坚韧的性格让他在逆境中不断磨砺成长。当生活的压力逼得他走投无路时，他选择了投身军营，开始了自己的奋斗历程。

在李克用的养子李嗣源的军中，刘知远遇到了人生中的贵人——石敬瑭。两人在战场上并肩作战，共同经历了生死考验。刘知远不顾个人安危，两次救石敬瑭于危难之中，这份情谊让两人成为亲密无间的战友。

随着石敬瑭的崛起，刘知远也一步步攀升至权力的巅峰。

936年，石敬瑭勾结契丹建立后晋王朝，刘知远作为得力助手参与其中，功不可没。石敬瑭登基后，将重要的河东节度使一职授予刘知远，这是对他忠诚与贡献的认可。

然而，好景不长。石敬瑭在位期间过分依赖契丹，引起了刘知远的强烈不满。曾经的战友因理念不合渐行渐远，最终分道扬镳。

石敬瑭去世后，其子石重贵继位，更加傲慢跋扈，刘知远对此深感痛恨。

契机终于到来！947年，契丹大举南侵河北河南等地，后晋王朝岌岌可危。关键时刻，刘知远果断挺身而出！他在太原称帝，建立后汉王朝，与契丹彻底决裂。这位曾经奴隶出身的沙陀硬汉，终于完成了人生的逆袭！

只可惜，他有好运却短命，仅在位一年，就离世了。

除了五代之外，十国中也有不少皇帝曾经都是不起眼的路人甲。

前蜀王建，祖辈都是老实本分的饼师，到了他这一代，却出了个“不肖子孙”。年轻时的王建可不是盏省油的灯，偷鸡摸狗、杀牛贩盐，啥刺激干啥，活脱脱一个“市井小混混”。然而，就是这个“小混混”，在经历牢狱之灾后痛改前非，投军从戎，一路打拼，最终竟然开创了前蜀基业，成为一代开国君主。这逆袭之路，简直比小说还精彩。

南吴杨行密也是个传奇人物。他出身农家，幼年丧父，家境贫寒。但杨行密天生神力，行走如飞，就像是个人形“永动机”。在江淮起义的烽火中，他凭借勇武和才智脱颖而出，最终奠定了南吴的基业，实现了草根逆袭。

吴越钱镠更是个奇葩。他长相丑陋，据说连他亲爹都想把他扔进井里。好在祖母心疼他，这才保住了一条小命。长大后，钱镠靠贩卖私盐为生，过着刀口舔血的日子。然而，就是这个看似不起眼的小人物，最后竟然能逆袭成为吴越的开国君主。这运气，简直比中彩票还难！

当然，五代十国中的草根皇者远不止这些。还有闽国的王审知、楚国的马殷、南平的高季兴等人，他们或出身农家，或曾为奴仆，或相貌丑陋，或身处底层，但最终都凭借自己的努力和才智登上了皇帝的宝座。

乱了套的五代十国，最后迎来了终结者赵匡胤。

当初他也是个四处找工作的迷茫青年。兵荒马乱的年代，军二代赵匡胤，先后投奔了父亲的军友和几位叔叔，却始终未能找到属于自己的位置。

后来，迷茫的赵匡胤踏上了北上的征程，投入了后汉大将郭威的麾下，成了一个不起眼的兵卒，相当于大集团里的基层员工。

但他并不知道，这个选择，让他的命运齿轮开始转动。

只要敢想敢干，成为“董事长”也不是梦。

当时的大领导郭威是位有勇有谋的战将，他凭借出色的军事才能和运气，一路披荆斩棘，立下赫赫战功。最终，他被拥立为皇帝，建立了后周。

在郭威的悉心栽培下，赵匡胤迅速成长，不仅学会了诸多武艺和谋略，还培养了坚定的意志和远大的志向。

郭威去世后，他的养子柴荣继承了皇位。

赵匡胤继续辅佐这位雄心勃勃的君主，南征北战，屡建奇功。他的军事才能和领袖气质逐渐崭露头角，成为后周的中流砥柱。

然而，历史总是充满了戏剧性。

柴荣去世后不久，一场惊心动魄的政变上演了。赵匡胤在半推半就之间成为这场政变的主角，被“黄袍加身”，拥立为帝。他接管了柴荣留下的庞大基业，并立国号为宋。

赵匡胤凭借卓越的军事才能和政治智慧，先后消灭了荆湘、后蜀、南汉等割据势力，又击败了强大的南唐。此后，吴越与福建漳、泉等地的地方势力纷纷归顺宋王朝。

赵匡胤这个曾经不起眼的小兵卒，以铁血手腕和远见卓识终结了五代十国的纷乱局面，开创了一个崭新的伟大王朝。

英雄不问出处，皆以能力论成败，只要有梦想、有勇气、有才智，就能书写属于自己的传奇。

所以，别小看任何一个路人甲，也别小看自己。说不定哪一天，机会来了，也能实现人生逆袭。

第七章
盘点职场众生相

1

古代人找工作，都怎么写自荐信

无论是在古代还是现代，一份好简历的重要性都是不言而喻的。

在古代，没有招聘网站，没有印刷的招聘广告，没有电子邮件，那么，古人是如何通过“简历”找到“工作”的呢？

答案或许就隐藏在历史的一页页泛黄的典籍中。

西汉时期，东方朔的“求职信”就十分亮眼。东方朔在当时是个很有声望的人，如果放在现代，他可能是一位拥有无数粉丝的意见领袖、自媒体红人。而他的自荐信就像是一篇精心策划的推文，充满了个人魅力与自信。

《汉书》中记载了他的求职信中的自信，他说自己：“年十三学书，三冬，文史足用。十五学击剑。十六学《诗》《书》，诵二十二万言。”这不仅仅是对学识的信心，更是在向未来的“雇主”展示一个全面发展、多才多艺的自己。

而他的形貌，“目若悬珠，齿若编贝”，更是让人仿佛看到了一位美男子跃然纸上，说明自己颜值在线。

此外，东方朔还明确地提出了自己的求职目标：“若此，可以为天子大臣矣。”他没有遮遮掩掩，也没有拐弯抹角，而是直截了当地表达了自己的职业追求。这份坦诚和勇气，也为他加了不少分。

东方朔的“求职信”果然打动了汉武帝刘彻，博得了赏识，成就了一段君臣共治的佳话。

与此同时，那些同期参加“选秀”的才子，或许正在长篇大论地指责时政，以显示自己的高瞻远瞩。有时候，言多必失，反而不如像东方朔那样，言简意赅地展示自己的实力和优势。

唐朝时干谒找工作的文人也很多。当时漫游之风盛行，士子们纷纷带着自己的得意之作，拜访官员名士。他们希望以文会友，以诗求职，若是能遇见个懂自己的伯乐，便可一举成名，获得工作机会。

比如，大诗人孟浩然就曾向宰相张九龄投过求职诗。

孟浩然出生在一个小康家庭，从小就饱读诗书，是个不折不扣的学霸。然而，这位学霸却有个叛逆的梦想——做个隐士，远离尘世的纷扰，过上逍遥自在的生活。

但随着唐玄宗即位，开元盛世如同一股春风，吹散了孟浩然的隐士梦。

孟浩然开始渴望入仕，想要在这盛世之中留下自己的印记。于是，他带着满腔热情，踏上了干谒求职之路。他四处奔走，向人展示自己的诗卷文章。在干谒宰相张九龄时，他更是写下了一首广为流传的求职诗《望洞庭湖赠张丞相》。

这首诗以洞庭湖的浩渺壮阔为背景，将孟浩然的求职心情表达得淋漓尽致。诗中的“气蒸云梦泽，波撼岳阳城”一句，仿佛让我们看到了孟浩然站在洞庭湖畔，豪情万丈地挥舞着手中的诗卷，展现自己的非凡气势。

而“欲济无舟楫，端居耻圣明”二句，则是向张丞相表明：“宰相大人，我想渡河可是没有船，您能不能帮帮我？在这个太平盛世里，我可不想闲在家里，这实在是有亏圣恩啊！”

最后的“坐观垂钓者，徒有羡鱼情”一句，更是让孟浩然的求职信变得生动起来，仿佛他就在张丞相面前眨着大大的眼睛，可怜巴巴地说：“您看那些垂钓的人多么悠闲自得啊，可是我只能眼睁睁地看着。您能不能给我个加入的机会呢？”

这首诗虽最终未能让他成功入职，却成为传唱千古的佳作，充分展示了他卓越的文学才华。

潇洒恣意的“诗仙”李白，在写“求职信”这方面也颇有心得。

当初，李白在安陆安家后，直接开启了“求职模式”。作为商贾之子的李白很难走通科举路，所以他只能四处“打卡”，递上自己的“求职信”和作品集，期待哪位大佬能慧眼识珠，给他个机会。

当时在安陆，有一位文武双全、爱才如命的裴长史，就成为李白干谒的目标。

但李白这性格，狂傲得不行，又不擅长心计，结果一路上被小人“穿小鞋”，以至于他的求职路，走得比过蜀道还难。

坚信“天生我材必有用”的李白，给裴长史写的自荐信，也就是那篇大名鼎鼎的《上安州裴长史书》，十分“凡尔赛”。

在这文章里，李白说自己出身不凡、博学多才、志向远大、重情重义……总之，就是全方位无死角地展示自己的“闪光点”。他还引用了别人的话来证明自己的优秀。比如苏公、马公这些大咖，都曾经对他的文章赞不绝口。

信的最后，李白也没忘了“拍马屁”，把裴长史夸得天花乱坠。

但他可不是那种只会“跪舔”的人，他的骨子里可是有着“安能摧眉折腰事权贵”的傲气。所以，他在信的结尾处写道：“若赫然作威，加以大怒，不许门下，逐之长途……何王公大人之门不可以弹长剑乎？”意思是：如果你裴长史不赏识我，那我就拜拜了您嘞，到别处去大展拳脚了。

可惜，这封自荐信发出去后，最终石沉大海，没了音讯。

但李白丝毫没有气馁。别人不用我那是别人的问题，肯定不是我的问题。于是，继续他的干谒之路。

几年后，他又瞄准了另一位大佬——韩朝宗，写下了另一封“求职信”——《与韩荆州书》。

这封信里，他依然是那个自信满满、才华横溢的李白，让人不得不佩服他的韧性和勇气。

虽然求职路上充满了挫折和无奈，但我们的诗仙依然保持着他的傲然风骨和乐观精神。这样的李白，怎能不让人爱呢？

提到李白，就不得不提到另一位和他曾有过短暂相交的大诗人杜甫。

当年，杜甫和被赐金放还的李白在鲁郡告别后，踌躇满志地来到长安，准备通过科举，一举成名天下知。可惜科举并不顺利，后来命运又和他开了一个玩笑，李林甫等人的暗箱操作，让他的科举梦化为泡影。

无奈之下，杜甫只能转战干谒路线，带着他的"求职信"到处碰运气。

与李白的潇洒不同，杜甫的求职之路充满了凄苦与无奈。那时，唐朝已由盛转衰，安史之乱的前夕，王朝内部混乱不堪，而杜甫自己的生活也陷入了困境。

在长安的十年里，他写下了众多心情复杂的干谒之作。

天宝七载（748年），杜甫向尚书丞相韦济赠诗，希望得到一官半职。韦济出身名门，喜爱诗文，曾在河南尹任上拜访过已有诗名的杜甫。

但此时，杜甫失意长安，他在《赠韦左丞丈济》中写道："老骥思千里，饥鹰待一呼。君能微感激，亦足慰榛芜。"

他将自己比作老马和饿鹰，希望韦济能够伸出援手，给予他一点希望。

杜甫见送出求职信后，久久没有回音，心里有些着急。会不会是韦大人没看到？会不会是韦大人忙忘了？

没关系，再写一个。

接着，他又写下了一首《奉赠韦左丞丈二十二韵》。诗中，杜甫诚恳而急切地表达着求职意愿。他详细列举了自己的经历、学识和才华，以及曾得到过的名人赏识，他试图用这些来证明自己能够胜任这份工作。

他又写下往日和今日的对比，诉说着现实的残酷和艰辛。那时的他意气风发，立志要登上仕途的高峰。他读书破万卷，下笔如有神助，自认为才华出众，定能一展宏图。然而现实却是残酷的，他的理想渐渐破灭，困居长安的日子里，他骑着驴子四处奔波，居无定所，吃着残羹冷炙，生活充满了艰辛和无奈。

只是，尽管他的诗词写得恳切，却仍未得到期望的回应。后来，杜甫还是凭借着向皇帝献赋，才有了破格考试的机会，得到了一个芝麻小官。

很多像杜甫一样的才子，写“求职信”时，展示自己的才华，表达自己的诉求，都非常低调恳切。但有一位才子，“求职信”写得狂放不羁，独具一格，就像是领导指导下属工作，这位特立独行的才子正是韩愈。

被后人尊称为“唐宋八大家”之首的韩愈，曾经也为找工作这事发过愁。

韩愈三岁丧父，长兄又病逝，他跟着嫂子四处漂泊，童年可谓颠沛流离。好不容易熬到成年，满怀信心去参加科考，结果三次都名落孙山。

终于，在二十四岁那年，韩愈中了进士，可这进士的头衔并没给他带来多少实惠。

接下来的四年里，他是一官半职都没捞到。家里是“冬暖而儿号寒，年丰而妻啼饥”，这日子怎么过？

韩愈觉得不能再等下去了，得主动出击，于是就给宰相写起了“求职信”。

韩愈写求职信可不是一般的拼，他接连写了三封。

在第一封信里，他引经据典，说自己是个急需培育的人才，没被任用可是宰相的失职。这话说得够直接了，可韩愈还觉得不够，又搬出一套理论，用利益来打动对方。这文章结构严谨，有理有据，一看就是下了真功夫的。

可等了十多天，宰相那边是一点回音都没有。

韩愈急了，又写了第二封信。这次他可就不客气了，直接把自己比作“蹈水火者”，指责宰相见死不救。接着又用上了激将法，说宰相以前还会举荐布衣平民，现在怎么变了呢？求职信里充满了火药味。

又过了十天，还是没消息。韩愈这下彻底爆发了，写了第三封信。

这封信啊，简直就是一篇批文！他连珠炮似的诘问宰相：天下的贤才都用完了吗？奸邪谗佞都除尽了吗？四海之内都太平了吗？……这一连串的问题砸下来，把宰相跟周公比了个遍。韩愈的愤慨之情溢于言表啊！

综上可见，在“宦海浮沉，为官不易”的古代，有很多文人用笔墨书写自己的理想与追求，希望通过这些“求职信”敲开仕途的大门。他们的努力与挣扎迎来了不同的命运，最终都成为历史长河中一道独特的风景。

如今读来，这些求职信不仅是一份份历史的见证，更是文人墨客们内心世界的真实写照，也让我们感受到了他们对理想的执着追求。

2

一次高质量的酒局，产生了传世之作《兰亭集序》

忙碌的工作之余，人们常常会和亲友、同事组局，吃喝玩乐，消遣生活，联络情感。然而，不同的聚会，质量却天差地别。

低质量的局，往往只是一场肤浅的消遣。推杯换盏之间，或许能带来短暂的欢愉，但曲终人散后，心底可能只留下一片空虚。这样的聚会，如同过眼云烟，无法在人们心中留下深刻的痕迹。

中等质量的局，则可能在谈笑风生中结交新的人脉，为未来的发展铺路。虽然有一定的实用性，但往往缺乏深层次的交流和共鸣。

而高质量的局，却是凤毛麟角，难能可贵。它不仅仅是一场简单的聚会，更是一次心灵的洗礼和升华。在这样的场合中，人们能够卸下伪装，坦诚相待，分享彼此的思考和感悟。它有可能激发出人们内心深处的灵感与创造力，孕育出传世的杰作。

我国书法艺术的巅峰之作《兰亭集序》，就诞生于一次高质量酒局。

在魏晋南北朝这段动荡时期，各路英雄你争我夺，今天你上台，明天我登场。老百姓可就遭了殃，生活在这乱世里，就像无根的浮萍，不知道明天会漂向哪里。

那些出身名门的贵族呢？他们虽然有权有势，住的是高墙大院，但心里也慌得很。毕竟这权势地位说不定哪天就没了，他们哪能安心享受呢？

这乱世里也有一股清流，就是那些有学问、有想法的人。他们有的跑到山里隐居，有的就在市井之间过着普通生活。他们喜欢研究玄学，追求自然和心灵的和谐。他们用笔写下自己的感受，用艺术表达对这个世界的理解。他们的存在，就像是一股清新的风，吹散了这乱世的尘埃。他们一起创造了一个文化的繁荣时期。从书法、绘画到诗歌、音乐，样样都精彩绝伦。这些文化成果不仅给那个时代增添了光彩，也让我们后人能够领略到那个时代的风采。

所以，虽然魏晋南北朝时期政治混乱、社会动荡，但它也孕育出了一种独特的文化精神——“魏晋风骨”。

兰亭雅集发生在魏晋风度趋近成熟的阶段。当时，社会经过动荡岁月，已经趋于平稳，稳定的社会环境滋养着绚烂的文化。

东晋穆帝永和九年（353年）的三月初三，春光明媚，东晋政坛上的许多大咖和文坛翘楚纷纷放下了手中的公务和笔杆，齐聚在会稽山阴的兰亭，组了个高端文化局。

这一天正好是修禊日[①]。自周朝起，人们就有修禊日祭祀祈福的习俗，人们相信通过祭祀、祈福和沐浴洗濯，可以禳除灾疠，迎来好运。

那一日的来宾都是当时的大家族代表，王家、谢家、袁家……他们或家族显赫，或才华横溢，在兰亭的春光里，他们放下了身份和地位，以最真实的状态交流着彼此的心灵，享受着难得的放松时光。

在风景如画的兰亭，不仅有苍翠的山峰、茂密的树林，还有挺拔的竹子和清澈的溪流。一场别开生面的“高端文艺酒局”正在火热进行。

宴会中最为精彩也最让众人期待的环节便是曲水流觞。

这可不仅仅是个游戏，更是一场“即兴创作大赛”，在当时社会非常流行。宾客们纷纷落座于蜿蜒的曲水旁，溪水被巧妙地引流，载着盛满琼浆玉液的酒觞，在众人之间缓缓传递。每当酒觞停在某人面前时，那人便需即兴赋诗一首。若无法成诗，则须罚酒三杯。这样的规则让每个人都充满了期待，同时也激发了他们内心深处的诗意与才情。

随着游戏的进行，气氛逐渐升温。宾客们争相展示自己的才华，有的吟诗作对，有的高歌一曲，还有的则翩翩起舞。他们的笑声和欢呼声此起彼伏，仿佛要将整个兰亭都点燃。

在这场盛宴中，除了欢声笑语，最让人印象深刻的是王羲之。

---

① 修禊分春禊和秋禊，三月初三是春禊日，又称上巳节。

曲水旁，王羲之端坐于众人之间，他闭目凝神，仿佛在与天地对话。突然，他睁开眼睛，眼中闪烁着智慧与灵感的光芒。而后，他挥毫泼墨，一篇《兰亭集序》就这样诞生了。

只见这篇书法作品笔走龙蛇，气势磅礴，简直就像一幅生动的画卷。在场欣赏过这幅书法作品的人都被王羲之的才华所折服，纷纷竖起大拇指赞叹不已。

《兰亭集序》不仅成为中国书法史上的一座丰碑，更是后世书法家们争相临摹的典范。而那场在兰亭举行的盛会，也因其独特的文化氛围和深远的影响而被后人铭记。

可见，高质量的休闲聚会，不仅能让人愉悦身心，更能激发出无尽的创意与才情！时至今日，每当提及那场兰亭盛宴时，人们都会津津乐道。

历史上还有一个脍炙人口的休闲局，亦成就了一个经典之作。那日聚会被以画笔记录，便是传颂千古的《韩熙载夜宴图》。

韩熙载原是北方贵族，一手锦绣文章让他名满天下。当他踏入繁华的江南时，其卓越的才情与风采立即引来了当时文艺太子李煜的常识。两人志趣相投，诗词唱和，书画共赏，音律同鸣，结下了深厚的情谊。

后来，李煜即位，南唐政权风雨飘摇，内忧外患接踵而至。面对这动荡不安的时局，身为三朝元老的韩熙载却选择了与世无争的道路。他装病辞官，深居简出，时常邀朋引伴，举办宴会。

乾德五年（923年）秋夜，韩府再次灯火辉煌，宾客盈门。李煜闻讯后心生好奇，于是派遣顾闳中和周文矩两位画院待诏入韩府，记录这场夜宴情况。

两位画师凭借敏锐的观察力和记忆力，将夜宴的全过程和场景一一铭记于心。

回到宫中后，他们挥毫泼墨，将所见所闻绘成一幅纪实长卷——《韩熙载夜宴图》。那幅画卷细致入微地描绘了琵琶演奏、观舞、宴间休息、清吹、欢送宾客五个场景，生动展现了当时夜宴的盛况和氛围。

千年之后，当我们再次展开这幅画卷时，仿佛能够穿越时空，感受到那场夜宴的欢声笑语和繁华盛景。

尽管前朝往事已随历史长河消逝无踪，但《韩熙载夜宴图》却以其独特的艺术魅力和历史价值，成为后人研究和欣赏的宝贵遗产。

这些高质量的休闲聚会，不仅让人们愉悦了身心，更在无形中推动了文化的繁荣和发展。它们成为历史的见证，也让我们领略到了古代文人雅士的风采与才情。

因此，在忙碌的生活之余，我们不妨多组织一些高质量的休闲聚会，让我们在轻松愉快的氛围中交流思想，碰撞灵感，激活自己内心的能量。这样的聚会，不仅能丰富生活，更能提升精神境界，让我们在忙碌之余找到内心的宁静与归宿。

3

有人因为一条鱼选择辞职。古人还有什么辞职理由？

现代职场中，辞职已经是常见现象，“世界那么大，我想去看看”，这个辞职理由曾火遍网络，因为它既任性，又有情怀。

古代官吏们挂冠而去①的理由也是五花八门。比较常见的，有家庭原因、健康状况，还有因为政治斗争失败的。

但也有一些人的辞职理由让人瞠目结舌，其任性程度完全不亚于现代人。

比如，孔子在鲁国从基层干部一路干到中央高管，成为职场励志典范，却在身处高位时因为没有分到祭肉而选择辞职。

乍一听，这事情有些离谱，但了解前因后果后，才会明白孔子的选择。

① 挂冠而去：汉语成语，出自南朝·宋·范晔的《后汉书·逄萌传》，常被用来形容士人辞去官职的行为。

事情是这样的，当初，在孔子的带领下，鲁国开展了全面的改革，国力日渐强盛，整个社会的面貌都焕然一新。

鲁国的强大让邻国齐国感到了威胁，正如《史记》中所记载：

> 齐人闻而惧曰："孔子为政必霸，霸则吾地近焉。我之为先并矣，盍致地焉。"

在齐人心中，孔子当政，鲁国一定会成为霸主。成为霸主，第一步就会吞并邻国，要不就先给他们送点土地示好吧？

但这时候有人向国君建议，何不先尝试阻止孔子当政，万一失败了再送土地也不迟呀。

齐国国君觉得这是个好主意，于是选了八十位会跳舞的美女和一百二十匹骏马送到了鲁国。

鲁国掌权者季桓子开开心心地收下了美人和骏马，任凭孔子怎样劝说都不听。骏马美人的吸引力让季桓子目眩神迷，甚至荒废了国政。

这样一来，孔子失望了，齐国满意了。

孔子的学生子路一脸看透地跟老师说："我们该离开这里了吧。"

可孔子表示，他想再观望一下，给季桓子一个机会，看看是不是还有救。他想看看季桓子在鲁国祭祀大典后的表现再做定夺，如果季桓子能按照礼法给他们这些士大夫分享祭肉，那他可以继续留下来。

结果，季桓子根本没重视这事，也没有给士大夫们分祭肉。

孔子一看这情况，觉得这季桓子，真是彻底没救了。

真正让孔子失望，下定“辞职”的决心的是当权者对“礼”的忽视，让他失去在此工作下去的动力。

离开鲁国后的孔子开始了周游列国之旅，一路上传播儒家思想、收徒讲学，忙得不亦乐乎。而他那段在鲁国的政治生涯，也成了历史上的一段佳话。

在魏晋南北朝时期，也有一位任性离职的官员张季鹰。他的辞职原因是想念家乡鲜美的鲈鱼了。

张季鹰文才横溢，写得一手好文章，被封为东曹掾。这官儿虽然不大，但也是个实权职位，是个多少人挤破脑袋都想要的“好工作”。

有一年秋天，张季鹰走在洛水旁边，突然心血来潮：“哎呀，这个时节，家乡的莼菜应该熟了吧？好想吃故乡的鲈鱼啊！”

然后他感叹了一句：“人生贵得适意尔，何能羁宦数千里以要名爵？”

意思是说，人生最重要的是过得舒服，怎么能为了名利而束缚自己呢？

但这可不仅仅是他偶然间的感慨，而是他给自己做的人生新规划。于是，他为了鲜美可口的莼菜和鲈鱼，辞官回家，享受“适意”生活去了。

这样一看，他堪称顶级“吃货”。

不过，这看似轻率的举动，却让张季鹰躲过了一场大乱。

这个故事也被刘义庆纳入《世说新语·识鉴》，用“识鉴”二字来彰显张季鹰洞察时局、明辨进退。因为当初在皇室纷争不断时，张季鹰就已经敏锐地察觉到了时局变化，以及未来可能发生的情况。所以，他看似轻率的决定背后，隐藏着很多深思熟虑的观察和看不见的智慧。

张季鹰的这种举动还引来了不少文人墨客的赞誉。白居易、辛弃疾、苏东坡等大文豪都纷纷写诗来赞美他。白居易说：“犹有鲈鱼莼菜兴，来春或拟往江东。”辛弃疾则写道：“休说鲈鱼堪脍，尽西风，季鹰归未。”苏东坡更是直接称赞他：“季鹰真得水中仙。……直为鲈鱼也自贤。”

很多古人辞职不管原因多么奇特，但本因上都是对当政者失望，或厌倦了政治的纷争，辞职后也多是跳槽换工作，或是隐居读书写作。但也有人在辞职后开启了事业“第二春”。

比如，清代的袁枚，当初三十多岁就辞职了，没有归隐山林，而是充分发挥了自己的商业才能，开始了一系列创业活动。

他买下了南京的小苍山，将其改名为随园，并自号随园老人。这位随园老人可不是闲着没事干的，他忙于给活人写传记、给死人写墓志铭，还开设培训班收弟子，分享撰写“网红”文章的经验。更厉害的是，他还开设了“随园文旅”，利用自己的名声和影响力吸引游客前来参观游玩。这些活动让袁枚赚得盆满钵满，比朝中的高级官员赚得还要多。

总的来说，古代辞官者的人生选择确实是一种追求和个性的交织。他们有的为了理想而放弃官职，有的因为政治斗争失败而愤然离去，还有的则像袁枚这样既有追求又有商业头脑。这些不同的选择留下了别样的历史轶事和传奇故事。

4

“吐槽”只是基本操作，古人如何缓解职场压力？

古代职场虽与现代有所差异，但古人所面临的压力与挑战并不亚于今人。那么，当古代“打工人”遭遇职场烦恼时，他们是如何吐槽和解压的呢？

古人有时会以一种极为潇洒的方式开启“赖床模式”来缓解职场压力。《诗经·齐风·鸡鸣》便是一则绝佳例证，它生动描绘了一位先秦时代的“社畜”，如何与夫人斗智斗勇，只为多贪恋被窝片刻的温暖。“鸡既鸣矣，朝既盈矣。匪鸡则鸣，苍蝇之声。东方明矣，朝既昌矣。匪东方则明，月出之光……”

清晨，一缕柔和的阳光透过窗帘的缝隙，洒在温暖的床榻上。夫人轻轻推了推身旁的丈夫，催促道：“公鸡喔喔已叫啦，上朝官员已到啦。”她的声音温柔却带着几分急切。

丈夫迷迷糊糊地揉了揉眼睛，嘴角勾起一抹狡黠的笑容。他慢条斯理地回答道：“这又不是公鸡叫，是那苍蝇嗡嗡闹。”

夫人闻言，又气又恼，却又无可奈何。她再次提醒道：“东方曚曚已亮啦，官员已满朝堂啦。”语气中多了几分焦急与催促。

丈夫却不为所动，他翻了个身，懒洋洋地回应道：“这不是东方亮，是那明月有光芒。”别急，天还没亮呢，再让我睡会儿……

夫人的催促声此起彼伏，而他却机智地一一化解。

赖床归赖床，班还是要上的。当工作压力累积到一定程度的时候，很多人会选择出去走走。大唐诗人韦应物也是做了这样的选择。

他在《东郊》诗中写道：

吏舍跼终年，出郊旷清曙。
杨柳散和风，青山澹吾虑。
依丛适自憩，缘涧还复去。
微雨霭芳原，春鸠鸣何处？
乐幽心屡止，遵事迹犹遽。
终罢斯结庐，慕陶直可庶。

他说，自己常年被困在那官署的四方天地里，真是快把人给憋坏了。一旦走出郊外，那宽广的天地立刻让他的心灵得到了解放。

那感觉，自己简直就像从笼子里飞出来的小鸟，浑身都透着自在和欢愉。外面的风景清幽美好，这才是他一直都想过的悠闲的日子，可惜公务繁忙，总是忙得团团转。

不过没关系，总有一天，他会辞去官职，归隐山林，在这里盖间小屋，过上向往的生活。到时候，他就像陶渊明一样，每天种种花、养养草，享受大自然的恩赐。嘿嘿，想想就让人开心。

另一位大诗人白居易的放松方法，就是休息日完全“躺平”。

白居易在《慵不能》中描述了自己在休息日的“躺平”生活：“架上非无书，眼慵不能看；匣中亦有琴，手慵不能弹。”这种慵懒的状态，或许是他在忙碌职场中的一种反抗与自我调节。

大诗人李白缓解压力的方法就很直接了，喝酒、写诗，畅想自己辞职以后的生活。

当初他在长安城郁郁不得志，成了唐玄宗的高级填词人，又被周围小人非议。

工作不快乐，就畅想一下辞职后的美妙生活。所以在长安的那段日子，他写下了“严光桐庐溪，谢客临海峤。功成谢人间，从此一投钓”这样的诗句。

他梦想着有一天，能像严光那样悠然自得地垂钓于桐庐溪畔，或者像谢灵运那样遍游名山大川，让心灵在山水间自由翱翔。找个山清水秀的地方，喝喝小酒，写写小诗，那才叫生活呢！

于是，在长安的日子里，李白就成了个“酒仙”。不管是达官贵人的宴会，还是街边小酒馆的角落，都能看到他“举杯邀明月”的身影。有时候喝高了，连皇帝召见都敢放鸽子。

他就这样，把酒香和诗意留给自己，把压力留给别人。

总的来说，古人在职场中的吐槽与解压方式既有趣又有文采。他们用诗歌、散文和口头语言等多种方式来表达自己的情感与诉求。这些吐槽不仅让我们感受到了古代职场文化的魅力与趣味，也为我们提供了一些借鉴。在职场的道路上，让我们不妨学学古人那份乐观与豁达的心态吧！

5

宇宙大将军是什么官？古代官职的超级脑洞

在现代职场，我们常见的比较霸气的职场称呼，如总裁、董事长等，这些头衔代表着权力和地位，是众多职场人士所追求的目标。然而，时代在变迁，职场也在不断演化。

随着新兴行业的崛起，一些别具一格的职业称谓开始进入我们的视野。比如“陪跑师”，他们既是跑步爱好者的得力伙伴，又是专业的训练指导者。再比如充满了神秘色彩的“凶宅试睡员”，他们勇敢地试住那些传闻中的“凶宅”，用亲身体验来评估房屋的居住舒适度和安全性。

还有专门为失主找回走失宠物的“宠物侦探”，他们凭借丰富的经验和专业知识，帮助失主找回心爱的宠物，解除他们的烦恼……

回望古代，官职的等级与名称同样丰富多彩，且各具特色。在那历史的长河中，我们可以看到各种各样的官职名称，有的威严霸气，彰显着至高无上的权力；有的则诙谐幽默，透露出古人对生活的独特理解和感悟。这些官职名称不仅反映了当时社会的政治、经济和文化状况，也为我们了解古代历史提供了宝贵的线索。

比如，一些年幼的孩童会在游戏里自封各种威武之名，如宇宙无敌大将军、飞天将军等，充满了童真与幻想。有趣的是，历史上竟真有人获封过“宇宙大将军”这一奇特职称，他就是南北朝时期梁朝的侯景。

据《南史》记载，他自封相国，权倾朝野，甚至仿效汉代名臣萧何，企图建立自己的功业。

然而，侯景却并非忠良之辈。他趁梁武帝晚年昏庸之际，发动内乱，攻陷都城，将梁武帝饿死。

他封自己为“宇宙大将军”，企图以此彰显自己的威武与霸气。然而，这一封号却成为后人的笑柄。因为“宇宙”二字，意味着无边无际、包容万物，用来形容一个人，未免过于夸张和自大。

随后，他自立为帝，改年号、修法律，成为一代暴君。

侯景称帝后，更是狂妄自大，肆意乱政。

果然，侯景的统治并未持续多久。他的大军便遭到了梁元帝萧绎的大将王僧辩和陈霸先的猛烈反击。

最终，侯景在战场上兵败被杀，尸体被送回建康示众。百姓们纷纷围观，并嘲讽道：“这便是那位自封的宇宙大将军吗？真是可笑至极！”

回首侯景的一生，不禁令人唏嘘。他曾权倾朝野，自封宇宙大将军，狂妄自大，不可一世。然而，他的暴政和自大最终导致了他的灭亡。他的称号成为后人的笑柄，他的统治也只是昙花一现。

在历史上，还有一个颇具神秘色彩的职位——银牌天使。听到这个酷炫的称号，你是不是已经脑补了一场天使降临、银牌闪耀的大戏？在唐代到宋、金时期，这些天使可不是你想象中的温柔守护者，而是皇帝派遣的超级使者。他们手握银牌，就像拿着一张“我是皇帝的人，谁敢动我”的通行证，在各地横行。

这些银牌天使，骑着皇帝送的超级驿马，风驰电掣地在各地穿梭，执行各种紧急任务。他们一到场，就像皇帝亲临现场一样，大家都得乖乖听话，他们的要求就代表圣旨，没有人敢违逆。

辽国的最后一任皇帝天祚帝更是将这个特权制度推向巅峰。他派出的银牌天使阿咕嘟，简直就是个“荐枕”狂魔。

他经常以工作为借口，到女真部落开启“选美”模式，肆意凌虐女真女子，把她们当作满足私欲的工具。这种行为让女真人恨得牙痒痒，可天祚帝却对此哈哈大笑，觉得这是天下一大乐事。这种对女真部落的蔑视和压榨最终加剧了辽国与女真之间的矛盾和冲突。

获封银牌天使的人虽然享受着无上的荣耀和特权，但也成了历史的尘埃。他们曾经的辉煌和权力，如今只剩下一个充满神秘和争议的称号。

在古代官职中，还有一种官职名称很吸睛，名为囧卿。

这个职位相当于现在的交通部长兼皇家车队负责人。在古代，马是重要的交通工具，而囧卿就是负责管理这些“宝马”的大官。他们不仅要确保皇家车队运行顺畅，还要保障皇帝的交通安全。这是一个技术活，得懂马车维修、马匹饲养，还得会规划路线、安排随从。在重大祭祀和典礼上，囧卿还得亲自上阵，驾驶马车迎接皇帝。这职位虽然听起来有点“囧”，但权力并不小。

在古代官职名称中，还有一个与马相关，并容易让人产生误解的职位——太子洗马。这可并不是像字面意思的给太子洗马的职位。

实际上，太子洗马是太子的贴身保镖兼政务导师。这个职位最早在秦汉时期就出现了，当时叫“先马”，意思就是走在前面为太子开路的。但后来不知怎么的，就演变成了“洗马”。可能是哪个小官犯了个笔误，把“先马”写成了“洗马”，然后就这么一直传下来了。

不过，这个官职虽然听起来有点奇怪，但职责却是很重要的。他们得时刻保护太子的安全，还得教导太子处理政务、学习文理。就像现在的高级保镖兼家庭教师一样，唐朝大名鼎鼎的宰相魏征就曾担任过此职位。

在古代官职中，除了囧卿和太子洗马这些颇具趣味性的职业称呼外，还有一系列以动物命名的官职，如鸡人、兽人、牛人、羊人、龟人等。这些职位听起来像是从某款奇幻游戏中走出来的角色，但实际上，它们在古代社会中扮演着重要的角色。

鸡人在古代并非养鸡的专业人士，而是专门负责报时警夜以及提供鸡牲的官员。这一职位最早记载于《周礼》。

清晨，鸡人都会早早外出，从一群精神抖擞的鸡中精心挑选出一只“幸运鸡”，让它来担任早晨的唤醒者。被选中的鸡会跟随鸡人开始它一天的工作。

在举行大型祭祀活动时，鸡人还需要在深夜叫醒百官。不仅如此，每当国家有重要宾客来访、诸侯会盟、军事出征或举行丧葬典礼等重大事务时，鸡人都扮演着同样的角色。此外，若国家有需要定期完成的事务，鸡人也负责通知相关人员注意时间。在祭祀仪式中，他们还需提供用作祭祀和衅礼[①]的鸡牲。

总的来说，鸡人的核心职责就是报时。因此，随着时间的推移，“鸡人”这个词语也逐渐被用来指代宫廷中那些专门负责管理计时器“更漏”的官员。

兽人可不是指那些奇幻生物，据《周礼》记载，这是负责提供野兽肉的官员。他们身材魁梧，力大无穷，天天和牲口摔跤，确保供应给皇室的肉品质量上乘。而牛人和羊人则分别负责养牛和养羊，以及祭祀时杀牛、杀羊等事务。这些职位虽然听起来有点“接地气”，但在古代社会中却是不可或缺的。

龟人在古代是负责收集龟甲以备占卜的官员。在古代，占卜是一项非常重要的活动，而龟甲则是占卜的主要工具之一。因此，龟人的地位也相当重要。他们得时刻关注龟甲的供应情况，确保占卜活动能够顺利进行。

这些以动物命名的官职虽然听起来有些奇怪，但在古代社会中却扮演着重要的角色。它们不仅丰富了古代官职的多样性，也为我

① 衅礼：我国古代一种特殊的祭祀方式，涉及以牲血灌注或涂抹器物、灵龟及庙坛等。

们了解古代社会提供了有趣的视角。下次听到这些名字时，不妨想象一下这些官员在古代社会中的生活和工作场景，或许你会对这些职位有更深入的了解。

6

在隋朝参加科举，字迹潦草会被罚喝墨水

在现代职场中，大部分情况下都是电子办公，写字的机会渐渐变少，有时候还会出现提笔忘字的尴尬。不过，在电子设备的辅助下，这些问题都算不上大碍。然而，在古代社会，书写能力却是职场中不可或缺的一项重要技能。

在那个时代，没有电脑、打印机这些高科技设备，所有的文字记录都要依靠人手一笔一画地完成。因此，书写能力不仅表现一个人的文化素养，更直接影响其工作效率和职业发展。一手漂亮的书法，往往能够给人留下深刻的印象，甚至在竞争激烈的官场中成为晋升的筹码。

在唐朝时期，一手好字成为官员的重要考核标准。当时的铨选官员要通过“身、言、书、判”四项考核。在《新唐书·选举志》中，又对这四项标准做出了明确的说明：

凡择人之法有四：一曰身，体貌丰伟；二曰言，言辞辩正；三曰书，楷法遒美；四曰判，文理优长。

这也就意味着，书法水平要达到“楷法遒美”才算符合要求。

而到了宋代，中书舍人、秘书丞、秘书郎等官职的设置，更是明确要求要善于书写。这时候，“书”不仅仅是字，更是仕途敲门砖。

就比如柳公权，他虽然早期官职卑微，但书法造诣却名扬四海。其字体矫健妩媚，笔力浑厚，尽显铮铮铁骨之气概。唐穆宗偶然间赏识其书法，便将他召至长安，他因此一路扶摇直上，后来更是成为太子少师。

相反，如果字迹潦草，不管文采如何，连工作机会可能都没有，而且还要受罚。据《隋书》记载，士人应试时，“书迹滥劣者，饮墨水一升”。秀才和孝廉考试时，“脱误、书滥、孟浪者，起立席后，饮墨水”。

要是考生的字写得不好看或者写错了字，那就得被主考官拉到一个小黑屋里，强行灌下一大瓶墨水。好在，古代的墨水是由煤、松枝或油脂等原料做成的，有些高级的墨水还会加入犀角、羚角、珍珠粉等名贵中药材，不至于让身体受到太大伤害。

这种制度到了唐朝时就被废除了，后来的读书人也免去了被罚喝墨水的担忧。

在古代，人们不仅追求书写的艺术美感，更对文字的精准度有着严苛的要求。若是放在现今，写错个字或许只是被上司训斥几句，或是受到些微不足道的惩罚。但在那个时代，一字之差，往往能掀起惊涛骇浪，甚至让人身陷囹圄。

据《全唐文》所载，唐代有位给事中名叫杨珍，只因在奏状中将“崔牛”误写为“崔午”，便遭到了大理寺的严惩，不仅被打了三十大板，还被罚了四斤铜。想想看，仅仅因为一个字，就付出了如此惨痛的代价。

而在《明史》中，也记载了一则因错别字引发的官场风波。成化十八年（1482年），南御史李珊等人因天象异常上书请求赈济。然而，明宪宗朱见深却抓住了他们奏疏中的错别字大做文章，下令锦衣卫前往南京午门对李珊等人实施廷杖之刑，每人二十，还得在南京守备太监的监视下受刑。

更为有趣的是，《旧唐书》中记载了宰相李林甫因错别字而闹出的笑话。当他的一位亲戚喜得贵子时，他本想用“弄璋之庆”来表达祝贺之意，却误将“璋”写成了“獐”。这下可好，原本的贺词变成了祝愿孩子与獐子为伴的笑话。此事一出，朝野上下一片哗然，李林甫也因此被冠以“弄獐宰相”的绰号。

而与之相对的，还有一位因读错字而丢官的“伏猎侍郎”萧灵。他在与尚书左丞严挺之共读《礼记》时，将“伏腊”误读为“伏猎”，结果被严挺之告发并贬至岐州担任刺史。

所以，“弄獐宰相”和“伏猎侍郎”都成为不学无术的代名。

可见，在古代社会中，错别字绝非小事一桩。它关乎着一个人的声誉、地位甚至生死存亡。因此，在那个时代里，人们对于文字的敬畏与尊重也远非今人所能想象。

第八章

古代职场人的欢喜和忧愁

1

“上班”这个词，最早出现在宋代

清晨，那熟悉的闹钟声在耳畔响起，像是古代的打更人穿越时空，催促我们：“起床啦，新的一天又开始啦！”于是，我们迷迷糊糊地洗漱，匆匆搭乘各式各样的交通工具，赶往那日复一日的工作地点。无论你是高管还是普通员工，都得乖乖按时“打卡”，履行自己的工作职责。这就是我们上班族的日常写照。

上班，并不是现代人的称呼哦。追溯历史长河，“上班”这词居然自古就有。

一开始，“上班”仅仅是按照个人应属的次序站队的意思，但随着时间的流逝，它逐渐演变成了“到个人工作的地方上去”的通俗说法。

从宋代开始，官员上朝议事被称为“上朝班”，其中只有高阶官员可以叫作“上朝”，参加皇帝亲自主持的“高层会议”，一起讨论国家大事。那些品阶稍低的官员，虽无资格参与朝会，却也需勤勉履职，他们的出勤则被形象地称为“上班”。

“上班”在古代可是官员的专属行为，隐隐约约还透露着那么点儿等级差异。至于普通老百姓、商贾之流，那时候可都是“自由职业者”，想“上班”？得先考个公务员才行。

在称谓的演变中，我们不难发现古人对“上班”这一行为的描述颇具匠心。地方官吏前往衙门办公，用的词汇就颇为讲究，如上衙、衙参、上值，每一个词都透露出一种庄重与责任感。而那些身居要职的王公大臣，当他们步入皇宫、参与朝会时，被称为上朝或朝参，这两个词更是充满了仪式感。

在现代职场，我们的语言也随之变得更为简洁实用。每天清晨，我们匆匆上班，用“打卡”来记录自己的出勤；而到了傍晚，一句下班或收工便宣告了一天的辛劳结束。有趣的是，下班的称谓在古代也是五花八门，充满了生活的气息。想象一下，当古代的官吏们结束了一天的忙碌，他们或许会说散衙、放衙，又或者是散值、散朝，甚至是退朝，每一个词都仿佛打开了一个历史的小窗口，让我们窥见那个时代的风貌。

追溯古代文献，官员上班的情景在《诗经》中已有所描绘。《诗经·齐风·鸡鸣》中的诗句“鸡既鸣矣，朝既盈矣”与“东方明矣，朝既昌矣”，便生动地展现了春秋时代齐国官员们早朝的情景。在鸡鸣时分就已经整装待发，准备上朝了。而当东方破晓，朝堂上已经是官员云集，一片繁忙的景象。

为了让官员们按时上班，唐代长安城的街巷间设置了“官街鼓”作为官员们上朝的信号。当凌晨五更二点的鼓声响起时，坊门随之开启。这鼓声对于京城的官员们而言，便是上朝的讯号。尽管官街鼓的初衷是为了报时和防盗贼，但官员们却可以据此判断时辰，以免误了上朝的大事。而如今我们的现代职场没有了鼓声的催促，但手机闹钟和各种提醒功能却也让我们分秒必争。

我们现代人上班，可以乘坐私家车、公交、地铁、自行车等多种交通工具。天色暗的时候会有路灯，遇到各种糟糕天气还会有各种防护措施。相比之下，古人上下班的路程就显得尤为艰辛，有人甚至会在上下班的途中丧命。

宋朝大文豪欧阳修曾作诗《集禧谢雨》描述自己冒雨赶路的情景："十里长街五鼓催，泥深雨急马行迟。"诗中流露出对往昔在滁州悠闲生活的怀念，与当下踩着泥泞、冒雨赶路的艰辛形成了鲜明的对比。

明朝官员的上班之路更为艰辛。他们不仅要早起，还得在黑暗中摸索前行。据《天咫偶闻》载，明代紫禁城内原有路灯照明，然天启年间魏忠贤当权后却下令撤去路灯以方便其夜间活动。这可苦了那些凌晨上朝的官员，他们只得摸黑行走，有的人甚至因为路滑而跌入御河淹死。这可真是个"黑暗"的上班时代。

清朝继承了明朝的这一规矩，紫禁城内夜间不许点灯以防火患。因此，清朝的官员们仍是"戊夜趋朝，皆暗行而入，相遇非审视不辨"。

古人不光上班路途艰辛，考勤制度也非常严格。他们上班打卡叫"点卯"，因为必须在卯时准时到达并清点人数。如果不点名，那就得签到，时间也设在卯时，所以又称"画卯"。

万一有人早上太困了，想多赖会儿床，迟到一会儿可以吗？在现代，这或许只是扣点工资的小事，但在古代，迟到的后果可是相当严重的。轻则扣工资，重则挨板子，甚至有可能因此丢掉官职，锒铛入狱。

这可不是危言耸听，历史上各朝各代的官员，只要是无故缺席、迟到或者朝班失仪，都会受到严厉的处罚。

据《唐会要》记载，在唐玄宗时期“文武官朝参，无故不到者，夺一季禄”。是说如果无故不到，就会被扣除一个季度的俸禄，也就是三个月的工资。而到了肃宗时期，惩罚稍微减轻了些，但仍然是相当严苛的，变成了“朝参官无故不到，夺一月俸”。这样的惩罚力度，足以让人望而生畏。

更为严厉的惩罚则是杖刑。《唐律疏议》明确规定：官员如果无故缺勤，每缺勤一天就要被打二十小板，每满三天就加一等，满二十五天就得挨上一百大板，满三十五天则直接坐牢一年。

在这样的环境里，人们自然不敢轻易懈怠。唐代诗人白居易在《晚归早出》一诗中就描绘了自己忙碌的上班生活：“退衙归逼夜，拜表出侵晨。”前一天晚上下班回来已经是深夜了，但第二天一大早还得起床去上班打卡点卯，丝毫不敢有所放松。可见，在古代当官也不是件轻松的事。

虽然时代变迁，上班的形式、内涵、制度发生了诸多变化，但人们对工作的期望和要求却始终如一。无论是古代的官员还是现代的上班族，都需要用自己的勤劳和智慧去履行职责、创造价值。在这个过程中，上班不仅仅是一份工作，更是一种生活态度和人生追求。

2

“宇宙的尽头是编制”，宋朝公务员的待遇有多香

互联网有句“宇宙的尽头是编制”的流行语。公务员受到越来越多年轻人的追捧，因为香喷喷的“铁饭碗”意味着稳定、体面。其实不光现代人向往体制内，古代人亦是挤破脑袋也要考上公务员，渴望成功“上岸”。因为相比其他行业，古代公务员的福利相当不错。

在古代，官员们的工资叫“俸禄”，国学大师南怀瑾在《论语别裁》里说：“‘俸’等于现在的月薪，‘禄’有食物配给。”所以，说白了“俸”就是“钱”，“禄”即“粮食”。换句话说，你辛苦工作，不仅钱包鼓了，肚子也能填饱。

在古代相当长的时间里，从当官的到打工的，主要实行的是年薪制，不过和我们现在的年薪制不同，而是要辛辛苦苦干满一年，才能一次性领到全部的劳动报酬。民间大多叫“工钱”，官方称之为“年俸”。

古人发工资可不像我们现在这样，收到一条银行短信就完事了。每个朝代都有自己的发工资风格，但共同点是：发的东西五花八门，绝对让你大开眼界！

到了年底，官员们不是去银行排队取钱，而是去仓库领东西。这个仓库就像一个大型超市，里面有丝绸、茶叶，还有粟、谷等各种五谷杂粮。我们常说的“吃皇粮”这个词就是这么来的，其实就是实物工资。

这种年薪制一直沿用到东汉时期，那时候的皇帝刘隆可是个“改革派”。他觉得发工资不能只发东西，也得发点钱币让大家花花。于是，他规定：工资一半发钱，一半发东西。这样，官员们既能买到心仪的东西，也能留下点存货备用。

到了唐代，皇帝们更是大方，直接用金子、银子来发工资（多数情况用银子）。

在各朝各代中，人们普遍认同的薪资水平最高福利待遇最好的要属宋朝。

宋朝在经济、科技、文化等诸多领域熠熠生辉，其财政收入之巨令人咂舌，年岁间金银如流水般涌入国库。在这样的背景下，宋朝官员的待遇自然是水涨船高。

宋朝统治者认为官员贪污是因为“穷”，朝廷发的工资不够花，那怎么办呢？只好偷偷摸摸搞点“外快”了，也就慢慢有了贪腐的心思。所以，为了打造一支清廉的官员队伍，宋朝的皇帝们可是下足了血本，给官员们发了足够多的工资，做好日常生活的全面福利保障，让他们可以安安心心地工作，根本不需要也不想去贪那点儿公款，也就是所谓的“高薪养廉”政策。

据《宋史·职官志》记载，宋代“公务员”的工资主要有正俸、加俸、职田三类。正俸是官员们的基本待遇，包括俸钱、禄粟、衣赐。加俸和职田属于补贴。此外，还有一些有价证券和公使钱。有价证券相当于现代社会的各类消费券，公使钱的费用专为各路、州、军以及刺史以上级别的官员所设，主要用于宴请、招待和捐赠等公务活动。而且，这笔钱数目很高，往往能达到年俸的数倍甚至十倍。例如，从二品的节度使每年能获得的公使钱高达两万两银子，而且这笔钱的使用上限并未明确规定。

公使钱的管理权掌握在官员自己手中，如果在使用过程中有剩余，有些官员甚至会将其纳入私囊。不过，这种钱用不好，也会成为别人攻击的把柄。

范仲淹曾为一位被贬谪的好友滕子京写了一篇《岳阳楼记》，在开篇他写道：“庆历四年春，滕子京谪守巴陵郡。”滕子京就是因为使用公使钱为打仗胜利回来的士兵们设宴，遭到了有心人的弹劾，被贬至越州。

总的来说，在宋朝做官员是非常舒适的，不光有工资拿，从服装到禄粟，从茶酒到厨料，朝廷为官员们的衣食住行，方方面面都考虑得周全。

据《宋史·职官志》记载，一品大员如宰相、枢密主官，他们的月俸高达三百贯。若以现代的货币价值来衡量，以大米为参照物计算，这相当于每月收入超过二十万元[①]。尽管如此换算不够精确，但这样的收入水平，即便是放在今天，也是实实在在的高薪。而且，这仅仅是他们的基本工资。

他们还能享受到各种补贴、津贴和福利待遇，这些额外的收入加起来，使得他们的实际薪资水平更加惊人。

地方官员们的俸禄虽不及朝中那般丰厚，但各项综合收入加起来，也足够让他们过上舒适的日子了。

就像大文豪苏轼的《初到黄州》中所言“只惭无补丝毫事，尚费官家压酒囊”，说自己对国家没啥贡献，但国家还给他发工资。虽然是自我调侃，但可见朝廷的待遇还是不错的。

为了让官员们能够更加安心地为国家效力，宋朝政府还特意规定了仆人的配给制度。从最低级的官员到高高在上的宰相，每个人都可以按照自己的品级享受到相应数量的仆人服务。这些仆人的费用自然也是由国家来承担的，无须官员们自己操心。

更令人羡慕的是，宋朝还实行了“荫补”的制度。这种制度允许高级官员的直系亲属、旁系亲属甚至门人到政府中任职。这无疑是一种巨大的荣耀和特权，因为这意味着一个家族的兴旺和繁荣。而“荫补”的机会通常出现在皇帝生日、官员退休或去世等特殊时候，这使得这种制度更加具有仪式感和庄重性。

---

① 据沈括的《梦溪笔录》记载，宋代1石米合92.5宋斤，约为现在118.4斤。以北宋仁宗时期为例，1石米六七百文钱。现代散装大米以每斤4元计算，宋朝1石米约473.6元。这样算下来1文钱折合人民币约0.7元，1000文为1贯，1贯钱大概就是700元。因此，300贯钱约为21万元。

可以说，在宋朝做官，不仅意味着掌握了权力和地位，更意味着拥有了财富和尊荣。“书中自有黄金屋”，在宋朝，的确不是个比喻。

比如宰相吕蒙正和范仲淹，他们虽然出身寒门，为官期间也保持廉洁自律，但退休后却能够过上富足安逸的生活。吕蒙正在洛阳建造了美丽的园亭。而范仲淹则用自己的积蓄在家乡修建了“义庄”，用于赡养族人。这些故事足以说明，在宋朝做官不仅能够实现个人的理想和抱负，还能够为个人与家族带来荣誉和财富。

因此，宋朝的官场竞争异常激烈，无数士子为了跻身其中而孜孜不倦地求学应试。因为一旦成功入仕，便意味着踏上了通往富贵荣华的康庄大道。

此外，宋朝还允许官员经商、购买土地等，为他们的财富积累提供了更多途径。因此，在宋朝做官无疑是一种既稳定又体面的职业选择。

回望历史，我们可以发现无论古今，人们对稳定、体面工作的追求从未改变。虽然古代与现代的工作环境、待遇等方面存在诸多差异，但那份对美好生活的向往和追求却是相同的。因此，当我们感叹“宇宙的尽头是编制”时，也不妨思考一下如何在自己的职业道路上找到那份属于自己的稳定和体面。

3

古代假期有多爽

每年临近十一黄金周，打工人们就既期待又无奈。看似有七天的悠长假期，但免不了调休。这种“调休”制度让许多人感到困惑：我们真的比古人更幸福吗？他们的假期又是怎样的呢？会不会也被这种复杂的调休所困扰？让我们一起穿越历史的长河，探寻古代打工人的休假秘密。

历史上每个朝代的假期各有不同。秦朝时，官方没有放假之说，一年三百六十五天，天天都要在岗位上发光发热。非得有事请假，得向朝廷进行审批，其流程之烦琐，让很多官员望而却步。

不过在秦朝，有个特殊的假期，那便是官员在任职期间，有亲属去世时，可以有一个月的丧假。为了体现人道主义，丧假可以免去汇报流程，直接让官员回乡奔丧。当然，这便给了许多混日子的官员可乘之机，他们纷纷打着奔丧的借口，名正言顺地翘班。

到了汉朝，朝廷制定了假期制度。据汉律规定，“吏五日得一休沐，言休息以洗沐也”。官员每上五天班，便可以休息一天，俗称“休沐”。在古代，无论男女，都是留着长发，所以官方留出一天假期，让官员将头发洗得干净清爽，上班时才能有精神，这个制度一直延续到了隋朝。

为了保证在官员休息的时候有人在岗，汉时期实行“轮休”制度。《汉书·霍光传》中记载的“光时休沐出，桀辄入，代光决事”，说的就是霍光休沐放假的时候，上官桀给他代班。

除此之外，汉朝还会在冬至、夏至、伏日、腊日、岁首等时令节日放假。冬至、夏至很好理解。其他的几个特殊日子，之所以会放假，也是各有讲究。

古代人认为，天气最热的时候，阳气太旺、阴气被压制的时候，所以古人把一年中最热的时间叫“三伏”。伏日便是古人在三伏天祭祀的日子，古人祭祀上天，祈求酷暑消失，盼望凉爽天气的到来，正如《太平御览》载：“伏日当早归。”所以，要放假喽！

“腊日”“岁首”这两天西汉官吏也会放假，《后汉书·礼仪志》引蔡邕《独断》：“腊者，岁终大祭，纵吏民宴饮。非迎气，故但送不迎。正月岁首，亦如腊仪。”

腊日是在十二月，古人认为，十二月乃是新旧交替的月份，要举行大活动来祭祀祖先和神灵。这么隆重的节日，必须放假，讨个好彩头。

汉武帝时期正式确定了以正月为岁首，是崭新的开始，这么好的日子，当然也要放假庆祝。

所以，在这两个日子里，官员不仅可以抛开繁琐的公务，还能跟民众一起大吃大喝、尽情狂欢，简直就是“放飞自我”。

值得一提的是，汉代的丧假为三十六天，如《汉书·翟方进传》载：“及后母终，既葬三十六日，除服起视事，以为身备汉相，不敢逾国家之制。”一直到西汉后期，丧假才变成了三年。

汉朝之后，战乱频繁，各大势力你方唱罢我登场，到了隋唐，才迎来了民族大一统。唐朝公务员的假期是每月休息三天，称为旬假。当然了，这是固定的休息日，他们还有其他的各种节假日。

唐玄宗时期，朝廷颁布了关于假期的红头文件《假宁令》，文件规定了“元旦、冬至，各给假七日”。除此之外，唐朝的寒食节连着清明节放假四天，中秋、夏至、腊月各放假三天，立春、立冬等重要节气各放假一天。这些假期可都是不需要串休的哦。

在唐朝，父母住在三千里外的官员，每隔三年有三十天的定省假；在五百里外的，每隔五年有十五日的定省假。

唐朝佛教盛行，所以在四月初八的浴佛节放假。唐玄宗还开创了皇帝诞辰日放假的先例，一般为一至三天。除此之外还有田假、授衣假等等，各种各样名目的假期数不胜数。根据史学家统计，唐朝官员每年的假期能达到一百多天。

宋朝人总体上沿袭了唐朝的旬休制度，此外又因时制宜地设定了一些法定节日。

宋朝更加注重精神文明的培养，所以假期也变得更多了。据《文昌杂录》记载：“元旦、寒食、冬至各七日，上元、夏至、中元各三日，立春、清明各一日，每月例假三日。岁共六十八日。”每年的固定节假日有六十八天。此外也保留了唐朝的定省假。此外，儿子行冠礼休假两日，子女结婚休假九日。

宋朝是出了名的爱吃爱玩，假日肯定少不了。宋朝的府衙，每年腊月二十便放假，让官员回家过年，古人将这个叫作“封印”。次年的正月二十，官员们才收假返回衙门，古人称之为“开印”。这相当于过年的小长假，实打实地一个月的假期。

此外，宋朝还有许多任性的假期，比如宋太祖的父亲去世，朝廷当即放了七天假；宋仁宗的母亲生日，朝廷又放三天假；宋真宗时，有人传有“天书下降人间”的祥瑞之事，朝廷将正月初三定为天庆节，后来又有天贶节、先天节、降圣、天祺节放假五天。宋徽宗时又增添了天应节、宁贶节、真元节、元成节、开基节、天符节六个节日。总体对比，宋朝的假期要比唐朝多一些。

假日来临，宴饮游乐，难免会消费，消费也刺激了经济的增长。而大把的休闲时光，让人们从工作中解脱出来，有了更多的时间和精力去创作，这也促进了文化的繁荣。可见，唐宋经济文化的繁荣与它的假期制度密切相关。

元朝因循旧制，仍采取“旬休”制度，但是很多节日都被取消了，每年假期少了一大半。

到了明朝，假期更是少得可怜。白手起家的朱元璋是个工作狂，痛恨懒惰的他，带着自己手下的官员连轴转。朱元璋在位时期假期很少，他去世后，明朝的假日才有所变化和增加。

明朝则根据官员身份和地位的不同，给予不同的法定假日。如身份尊崇的庶吉士，“五日一休沐”；国子学的诸生，每月的初一和十五休假。

明宣宗曾仿照古制，在每年岁首时，许百官旬休，即官员每十天休息一天，但之后并未延续此制。

元旦、冬至、元宵节三个节假日被保留下来，其中元旦休五天，冬至休三天，元宵节休十天。不过这元宵节十天假期只是针对京城的官员，地方官员可没这个待遇。

明朝的假期虽然相对唐宋少了很多，但其休假制度却逐渐成熟，管理也更细致。正如《明会典》卷五“给假”条记载：“给假，旧止有省亲、祭祖、迁葬，后有治本生父母丧、送老亲、送幼子及毕姻等项。”有严格的休假手续，有资历的限定，有时限的管理，对违规请假人员有了惩罚制度。

明朝官员随机性的休假主要是赐假，大多是皇帝对大臣的恩宠和赏赐。比如明宣宗就曾放了上元假二十五天。皇帝就是这么任性。

到了清朝，假期更少了，朝廷将元旦、冬至、元宵三节统一为一个假期。据《清稗类钞》记载，每年大约从旧年的腊月十九、腊月二十、腊月二十一的某日开始放假，即“封印”。一直到新年的正月十九、正月二十、正月二十一的某日，上班“开印”。这是清朝公务员唯一的节假日了。

从秦朝的无休制度，到汉朝的“休沐”，再到唐宋的丰富的假期，直至明清的严谨与缩减，每一个朝代都有其独特的休假。这些变迁不仅反映了当时社会的政治、经济、文化状况，更折射出人们对休息与工作的态度变化。

如今，我们虽然面临着复杂的调休制度，但相较于古代，我们的休假制度已经更加完善与人性化。无论是固定的双休日，还是国庆、春节等长假，都给予了我们足够的休息时间，去享受生活、陪伴家人。

当假期来临时，试着不再纠结于假期的长短，而是用心去感受每一个假期带来的喜悦与幸福。无论是与家人团聚的温馨时刻，还是独自旅行的惬意时光，都是生活中不可或缺的美好回忆。

4

宋朝以前，大臣都是坐着上朝的

在影视剧中，我们常见的皇帝和群臣上朝时，皇帝端坐皇位，而大臣们依次站在殿中与皇帝议事。但实际上，在宋朝以前，大臣都是坐着上朝的。他们每日上朝都有着严格的规章制度，这不仅仅是我们在影视剧中常见的情境。

据史书记载，古代的高级官员们每天的首要任务便是上早朝，与皇帝共商国家大事。五更天未亮，他们便需上路，这可比现代人的上班时间要早得多。然而，由于古代的交通工具简陋，加上大臣们多住在离皇宫较远的地方，他们往往凌晨时分便得从家中出发，顶着夜色，候在午门外。

想象一下，这些平日里威风凛凛的大臣，在凌晨三点钟就得从温暖的被窝里爬起来，摸黑赶路，而且，他们那时候可没有便捷的交通工具，只能靠双腿或者骑马、坐轿子。这路上要是遇上个刮风下雨、雪滑泥泞，更是苦不堪言。

朝堂之上，礼仪庄重。不同朝代的官员上朝礼仪及议政方式虽有所不同，但总体来看，先秦至北宋前，大臣们上朝都是坐着的。

在先秦时期，朝堂上的画风可能非常有趣，那时候的大臣们可都是“席地而坐”，不过，此“席地”非彼“席地”，他们不是直接坐在地上，而是要在木质地板上铺上竹席，然后跪坐在席子之上。人们膝盖弯曲着地，臀部坐在自己的脚后跟上，整个身体保持端正，展现出一种庄重和恭敬的态度。这种坐姿，称为“跽坐”。

这种坐姿看起来并不难，却是对体能的一种考验，大臣们恐怕得练练腿功才行。而且，在这种坐姿下，想要保持平衡和稳定可不是一件容易的事情。

到了秦汉时期，“席地而坐”的传统在一些重要场合还是保留了下来。特别是像丞相、太尉、御史大夫这些高官显贵，在议政时依然享受着“坐而论道”的待遇。西安出土的秦代“跽坐俑”就是这一坐姿的生动写照。

那些身穿华服、正襟危坐的大臣，在朝堂上唇枪舌剑、你来我往地辩论国家大事，是不是很像高端座谈会呢？

关于席位，还有一个有趣的典故，就是“戴凭夺席”。《后汉书·戴凭传》中记载：

建武中正旦朝贺，帝令群臣能说经者，更相难诘。义有不通，辄夺其席以益通者。凭遂重坐五十余席。

这故事说的是建武年间的正月初一，正值朝贺之际。光武帝刘秀心血来潮，想要来一场别开生面的“经学大赛”。他下令，让那些擅长解说经义的臣子展开一场激烈的辩论。规则很简单：谁要是解释不通，谁就得把屁股下的席位让给厉害的人。

这场辩论赛可谓群英荟萃，高手云集。然而，在这众多高手之中，戴凭的表现尤为抢眼。他凭借着自己深厚的经学功底，一路过关斩将，把对手们辩得哑口无言。每当有人被他问倒，他就得意扬扬地再添一个席位，颇有“舌战群儒”的风范。经过一番激战，戴凭竟然夺得了五十多个席位，重叠而坐，俨然成了“经学霸主”。所以，后来“戴凭夺席”成为学识渊博、比人更胜一筹的比喻。

唐朝时期，随着椅子的传入，曾经的“跽坐”逐渐让位给了更为舒适、便捷的椅子。在唐朝的朝廷议政中，朝中重臣们可以坐在椅子上，身体得到了充分的舒展和放松。这种新的坐姿不仅让他们在身体上感到前所未有的舒适，不易产生疲惫感，更重要的是，它还有助于他们保持清醒的头脑和专注的态度。在椅子的支撑下，大臣们能够更加集中精力，思考国家大事，为皇帝出谋划策、排忧解难。

然而，到了北宋时期，大臣们上朝的姿势又发生了变化，由原本坐着变成了站着。据传，这一变革源于宋太祖赵匡胤的一次朝堂策划。

为了彰显皇权的威严和尊卑有别，赵匡胤在一次朝堂论事中，借故撤去了丞相范质的椅子。范质无奈，只能站着继续商议事务，其他大臣见状也纷纷效仿。从此，“宰相立班”成为定制，并延续至后世的封建王朝。朝堂之上，只有皇帝的龙椅独树一帜，彰显着皇权的至高无上。

随着时间的推移，朝堂上的礼仪和规矩不断地发生变化，从坐到站，每一处细节都反映出历史的印记和皇权的演变。如今，当我们回顾这些古代的礼仪制度时，不仅能感受到那个时代的风貌，也能对今天的社会文化产生更深的思考。

5

清朝时银库管得很严，库丁都是裸进裸出

在历史中，职场是一个充满诱惑与挑战的舞台。无论时代如何变迁，利益始终是职场人难以回避的话题。清朝时期的库丁，就是这样一群在巨大利益面前挣扎的职场人。他们身处财政旋涡中心，与巨额财富近在咫尺，却也在利益的驱使下，展现出了职场中最真实、最残酷的一面。

库丁这个职业虽然薪酬微薄，却引无数人竞相争逐，都是因为，获得了这份差事，便意味着有机会捞到丰厚的油水。

每年，清朝各地缴纳的税银如山如海，然大多为细碎银块，难以精确计算。因此，朝廷便将这些税银回炉重铸，以便于管理。而在这熔炼与重铸的过程中，不可避免地会有损耗，这便为一些心思活络的库丁提供了可乘之机。他们利用职务之便，在监管疏漏之际，顺手牵羊，将碎银藏匿在身上带出去。积少成多，也可以攒下不菲的家底。慢慢地，很多有心之人也发现了这一职业的油水，趋

之若鹜。

后来朝廷发现了这个漏洞，为了防止贪污，制定了严苛的管理制度。每到搬库的时候，甭管外面是冰天雪地还是烈日炎炎，这些库丁都得一丝不挂地从一众堂官面前经过。这还不算完，进了银库，他们得穿上特制的工作服，干完活儿后再脱得精光，到大堂前接受一番细致的“身体检查”。

检查时，这些库兵得伸出双臂、露出肋骨，两腿还得微微蹲下，甚至还要跳起来张嘴学鹅叫！这都是为了防止他们偷偷夹带银子！你以为这样就结束了？他们还得各种上蹿下跳，要是掉出一丁点儿银子，那可是人头落地的大罪。只有清清白白地经过这番折腾，才能顺顺利利地回家。

即便是在如此严密的监管下，库丁依然能巧施妙计，将碎银带出库外。其中最为人所津津乐道的便是“谷道藏银”与“茶壶带银”的绝妙手法。

《清代野记》中曾对“谷道藏银”的技艺有过生动描绘：“闻之此中高手，每次能夹江西圆锭十枚，则百金矣。”

为了习得这一独门绝技，从小便需接受艰苦的训练。最初以润滑的鸡蛋为练习对象，逐渐过渡到鸭蛋、鹅蛋等更大的物体。随着时间的推移，他们的技艺日益精湛，最终竟能容纳十粒十两重的铁丸于体内。这样的手段，着实令人叹为观止。

这个过程绝非儿戏，它是对人身体和意志的极大考验。许多试图通过这种方式捞取好处的人，都因无法忍受其中的痛苦和折磨而中途放弃。毕竟，将碎银藏入体内，不仅需要承受极大的痛楚，还必须拥有超乎常人的忍耐力和毅力。

对于这些库丁的所作所为，看守银库的官员并非一无所知。他们之所以选择视而不见，睁一只眼闭一只眼，很大程度上是因为他们也能从中分得一杯羹。在利益的驱使下，他们默许了这种偷盗行为，甚至可能与之勾结，捞到不少好处。

当然，并非所有的官员都如此堕落。那些坚守正义、公正无私的官员在遇到这种偷盗行为时，会毫不犹豫地选择上报朝廷。

不过，库丁虽然通过种种手段攒下了丰厚的家底，但晚年的境遇却往往凄凉无比。脱肛、漏痔等职业病如影随形，令他们痛不欲生。

第二个妙招就是传说中的“茶壶带银”。冬天里，他们往茶壶里装上热乎乎的茶水，然后悄悄地把银子藏进茶壶里。等到出库的时候，他们就故作镇定地打开茶壶盖，轻轻一倒，仿佛一切正常。可实际上呢？那银子早就被冻得结结实实，紧紧地贴在茶壶壁上，怎么倒都掉不出来！这样一来，他们就能神不知鬼不觉地把银子带出银库了。

此外，还有一种名为“猕猴盗银”的方法。为了防范库丁的贪污行为，银库曾驯养了几只猕猴作为内库的守护者。然而，这些机灵的猴子却在库丁们的教唆下染上了鸦片瘾。每当烟瘾发作时，它们便成为库丁的得力助手和帮凶，帮助库丁偷出银子换取鸦片。

库丁的生活充满了惊险与刺激。他们不仅要面对朝廷的严密监管和同僚的嫉妒与排挤，还要随时提防那些不怀好意的无赖和地痞的敲诈勒索。为了保护自己的利益和安全，一些库丁甚至不惜花费重金雇用镖师随行护卫。然而，这些镖师却往往与无赖勾结在一起，共同瓜分库丁们的钱。

那些因贪婪而迷失的库丁，在利益的诱惑面前，放弃了原则和底线，最终沦为金钱的奴隶，成为历史的笑柄。

库丁们的故事，不仅仅是一段历史插曲，更是对现代职场人的深刻警示。在追求利益的道路上，我们不能忘记原则和底线，更不能沦为金钱的奴隶。职场中的诱惑无处不在，但只有坚守正义和良知，才能赢得真正的尊重和成功。那些因贪婪而迷失的库丁，他们的悲剧式命运，应当成为我们每一个职场人时刻铭记的教训。

6

皇帝那时髦的日常办公用语

我们往往以为，像“知道了”这样的日常用语是现代人的专属，然而历史的痕迹却告诉我们，这样的表达早已深入古人的日常生活。清朝的康熙皇帝，这位昔日王朝的统治者，在处理冗杂繁重的朝政时，也会频繁地使用“知道了”这样的回复。

南京江宁织造博物馆所藏的三十一份康熙皇帝亲批的奏折，让我们发现了这一有趣的历史现象。这些奏折本是严肃的国家政务文件，但康熙皇帝的批复却让人忍俊不禁。

在其中的十五份奏折上，他的朱批仅仅是简单的“知道了”三个字。这种表达方式，就像是现代办公室里，一位忙碌的领导在快速浏览完下属的报告后，简洁明了地给予的回应，给人一种穿越时空的奇妙感受。

作为一国皇帝，拥有至高的权力的同时，也必定会有着繁忙的工作。管理一个国家，每天都会有大臣从全国各地送来奏折，报告着大大小小的事情，等待皇帝决策和批复。而批阅奏折这样一个大工程仅是日常工作中的一项。

康熙皇帝非常敬业，也非常注重办公效率，他在日常办公中摸索出了一套自己的批阅方式，也就是详略得当。有些奏折需要深入沟通，就去作详细说明；那些只是让他了解情况的奏折就附上简洁的朱批，写上“知道了”，表示已阅。

否则，一天要批阅多如牛毛的奏折，如果事无巨细一一去管，那么就算是以“勤政”闻名的康熙，恐怕也会扛不住这巨大繁重的工作量。

无论大事小情，几个简单的字，就可以完成一次简洁高效的沟通。

当年，江南科场发生了重大的舞弊案。《红楼梦》作者曹雪芹的祖父曹寅，写了六封奏折向皇帝密报他所了解的情况。康熙除了对一份奏折做了较长的朱批外，其他的奏折回复都非常简洁。而其中，就有两份写着“知道了”。

曹寅奏报米价时，康熙批复“知道了”；曹寅奏报刊刻全唐诗时，康熙批复“知道了”……

康熙还写过比“知道了”更简洁的朱批，当时的苏州织造李煦上奏安排曹颙的后事，康熙阅览之后就批复了一个“是”。

康熙的工作习惯也影响了他的子孙，他的儿子雍正、孙子乾隆，都曾在奏折上批复过“知道了”。《真迹选》中，总共选录了雍正朱批六十九件，有八处批复“知道了”。其中有一封奏折，是年羹尧因为雍正封自己的妹妹为贵妃，特意上书感谢，雍正批复：“知道了，一切总仗不得。大丈夫汉，自己挣出来的，方是真体面，勉之。”

其实，古代的许多口语和现在相差不多。像这种口语化的“知道了”很早就出现了。再比如说，我们在网络聊天时会用到的口语“呵呵”，宋朝大才子苏东坡也喜欢用。

苏轼曾在《与鲜于子骏》中道：“近作小词，虽无柳七郎风味，亦自是一家。呵呵！”意思是说，他最近写的词虽然没有婉约派的风味，却也自成一家。用“呵呵”自我解嘲。

《与陈季常》中道：“一枕无碍睡，辄亦得之耳，呵呵。”意思是说他只要睡得好，诗词自然就写出来了。用“呵呵”传递着一种自信和洒脱。

在《与文与可》中写道：“不尔，不惟到处乱画，题云与可笔，亦当执所惠绝句过状索二百五十匹也。呵呵。”这是他在和好友文与可开玩笑，意思是如果文与可不给他画画，那他可就要自己画了，不仅如此，他还要写文与可的名字，又或者拿文与可给他承诺画画的绝句去告状索赔一笔钱。这里的“呵呵”，又带着一些俏皮的“威胁”。

简单的常用语，连接古今，拉近了我们与古人的距离，让历史活起来。

后记

当我们提及历史，脑海中往往会浮现出那些庄严、宏大的场景：帝王的权谋、战场的硝烟、文化的辉煌。但历史还包含了无数小人物的生活碎片，他们的喜怒哀乐，他们的职场斗争，他们的智慧与失误。这些，都被我精心收集在这本关于古代职场的故事集中，呈现给读者一个别样的历史世界。

这不仅仅是一本书，更像是一个“历史杂货铺”。每一个故事，都是一个历史的“盲盒”，里面藏着古人的职场智慧、人性的复杂和命运的不可预测。你可能以为你熟知某些历史片段，但在这里，它们将以全新的视角和细节展现在你面前，让你感到匪夷所思，惊讶万分。它们如同一面面镜子，映照出职场百态，也反映出人性的光辉与阴暗。

这些故事，有的诙谐幽默，有的令人深思。它们不仅揭示了古代职场的种种现象，还与现代职场有着惊人的相似之处。你会看到，无论在哪个时代，职场上的竞争、合作、权谋都是永恒的主题。而古人的智慧和策略，也同样值得我们学习和借鉴。因为历史虽然遥远，但人性却是相通的。古人在职场上所遇到的种种问题和挑战，我们在现代职场中同样也会遇到。

以史为镜，可以知兴替；以人为镜，可以明得失。在阅读这些古代职场故事时，我们不禁会思考：如果身处其中，我们会做出怎样的选择？又能否比古人做得更好？这种反思与自省，正是我们职场成长中不可或缺的一环。

希望，这本书不仅能带给你阅读的愉悦，还能让你从中汲取到人生的智慧和启示。当你面对职场的挑战和困惑时，能够想起这些古人的故事，从中找到解决问题的方法和思路。愿这本古代职场故事集能陪伴你一段时光；愿你在这个“历史杂货铺”中找到属于自己的宝藏；愿你无论身处何种职场环境，都能保持一颗平和、睿智的心。

参考文献

[1] [元]辛文房撰.关鹏飞译注.唐才子传[M].北京：中华书局，2020.

[2] [五代]王定保撰.唐摭言[M].上海：上海古籍出版社，2012.

[3] [宋]欧阳修、宋祁等.新唐书[M].北京：中华书局，1975.

[4] [汉]班固.汉书[M].北京：中华书局，2007.

[5] [南梁]沈约.宋书[M].北京：中华书局，1974.

[6] [唐]房玄龄.晋书[M].北京：中华书局，1996.

[7] [元]脱脱等.宋史[M].北京：中华书局，1977.

[8] [宋]司马光.资治通鉴[M].北京：中华书局，2019.

[9] [宋]袁枢.通鉴纪事本末[M].北京：中华书局，2018.

[10] [汉]司马迁.史记[M].北京：中华书局，2011.

[11] [明]陈邦瞻.宋史纪事本末.[M].北京：中华书局，2015.

[12] [西晋]陈寿.三国志[M].北京：中华书局，2000.

[13] [清]张廷玉.明史[M].北京：中华书局，1974.

[14] 郭丹、程小青、李彬源译注.左传[M].北京：中华书局，2006.

[15] 中华书局编辑部编.二十四史[M].北京：中华书局，2017.

[16] [唐]段成式撰.张仲裁译注.酉阳杂俎[M].北京：中华书局，2017.

[17] 吕思勉著.中国通史[M].北京：民主与建设出版社，2015.

[18] 杨伯峻、徐提译.白话左传[M].长沙：岳麓书社，1993.

[19] 康震著.康震讲诗仙李白[M].北京：中华书局，2018.

[20] 郭沫若著.李白与杜甫[M].北京：中国长安出版社，2010.

[21] 罗亚飞著.拿得起放不下的大宋史[M].哈尔滨：北方文艺出版社，2021.

[22] 王秀梅译注.诗经[M].北京：中华书局，2015.

[23] 黄朴民译注.论语[M].合肥：安徽文艺出版社，2021.

[24] 方勇译注.庄子[M].北京：中华书局，2015.

[25] 徐正英、常佩雨译注.周礼[M]，北京：中华书局，2023.

[26] 左丘明著.国语[M].北京：团结出版社，2021.